Guido Westerwelle

mit Dominik Wichmann

Zwischen zwei Leben

Von Liebe, Tod und Zuversicht

Hoffmann und Campe

2. Auflage 2015

www.hoca.de
Satz: pagina, Tübingen
Gesetzt aus der Stempel Garamond
Druck und Bindung: Friedrich Pustet, Regensburg
Printed in Germany
ISBN 978-3-455-50390-6

HOFFMANN UND CAMPE

Ein Unternehmen der
GANSKE VERLAGSGRUPPE

Für Michael.
Den Mann meiner zwei Leben.

»Das Leben ändert sich in einem Augenblick.
Man setzt sich zum Abendessen, und das Leben,
das man kennt, hört auf.«

Joan Didion

»Katastrophen kennt allein der Mensch,
wenn er sie überlebt; die Natur kennt keine
Katastrophen.«

Max Frisch

Vorwort

Dieses Buch schildert die Zeit zwischen meinen zwei Leben. Oft frage ich mich, ob ich denn inzwischen schon voll und ganz in diesem zweiten Leben angekommen bin. Vor allem gerade jetzt, da ich wegen einer Lungenentzündung wieder einige Tage in einem Kölner Krankenhaus verbringen muss. Ehrlich gesagt weiß ich also noch nicht genau, ob ich schon angekommen bin. Ich wünsche es mir. Mit Sicherheit kann ich jedoch sagen, dass mir die Arbeit an diesem Buch auf diesem nicht immer leichten Weg sehr geholfen hat. Vieles von dem, was mir widerfahren ist, verstand ich besser, als ich ein zweites Mal darüber nachdachte und damit begann, meine Erinnerungen an die Konfrontation mit dem Tod aufzuschreiben.

Ein zweiter Grund, dieses Buch zu schreiben, war mein Wunsch, der düsteren Zeit, die nun hoffentlich hinter mir liegt, ein zuversichtliches Buch abzuringen. Ich möchte anderen Menschen damit so viel Mut machen, wie mir Mut zugesprochen worden ist. Denn ich weiß, dass ich ohne den Zuspruch anderer die Krankheit wahrscheinlich nicht überlebt hätte. Diejenigen also, die mein Schicksal teilen, will ich ermutigen, niemals, wirklich niemals aufzugeben. Und jene Leser, die glücklicherweise keine größeren Schicksalsschläge erleiden mussten, mag meine Geschichte daran erinnern, auf welch schmalem Grat wir unser Leben führen.

Jeder Gedanke an das Ende kann auch der Aufbruch zu etwas Neuem sein.

Köln, im September 2015

1

In der Mitte Europas

Kiew, am 5. Dezember 2013

Wir waren schon seit einigen Stunden im Himmel über Europa, als unsere Maschine mit einem sanften Schwenk nach rechts unten den Landeanflug auf den Flughafen von Kiew begann. Ich rieb mir die Müdigkeit aus den Augen, griff nach meiner Brille, die auf einem kleinen Tischchen neben mir lag, und blickte aus dem Fenster.

Wolkenfetzen flogen an meinem Gesicht vorbei. Ich sah die ersten Ausläufer der Stadt und die umliegenden Felder. Wir überquerten den Dnepr und seine vielen kleinen Seitenarme. Der verschlungene Lauf dieses Flusses erinnerte mich an das Geäst eines Laubbaums im Winter. Ich betrachtete eine Weile die gefrorene Landschaft unter mir, stellte dann die Rückenlehne meines Sitzes gerade und steckte ein paar Unterlagen zurück in meine Aktentasche. Ich hatte die Papiere während des Fluges von Brüssel nach Kiew gelesen, um mich auf die Gespräche vorzubereiten, die mich gleich nach unserer Landung hier erwarten würden.

Auch in Deutschland war es inzwischen kalt geworden, eiskalt sogar. Ungefähr vor einer Woche hatte es zum ersten Mal geschneit, und in einigen Regionen des Landes war der Schnee auch tatsächlich liegen geblieben. Die Zeitungen überboten sich deshalb mit Prognosen, ob es auch in diesem Jahr endlich einmal wieder weiße Weihnachten gebe. Doch bis dahin waren es noch fast drei Wochen, und wahrscheinlich würde es so wie meistens ausgehen: Kurz vor dem Fest lässt irgendeine unvorhergesehene Front warmer Luftmassen die Schneedecke schmelzen und widerlegt alle optimistischen Vorhersagen der Experten.

»Lass uns an Weihnachten nach Mallorca fahren«, hatte Michael deshalb schon im Herbst vorgeschlagen.

»Hast eigentlich recht«, antwortete ich ihm. »Selbst wenn's regnen sollte, wird es dort mit Sicherheit nicht so frostig wie zu Hause sein.«

»Außerdem haben wir unsere Ruhe nach all dem Trubel, den dieses Jahr so mit sich gebracht hat«, sagte er und tippte mit seinem Zeigefinger auf meinen Brustkorb. Wir blickten uns lange in die Augen. Nach einer Weile mussten wir lachen. Wahrscheinlich, weil wir in jenem Moment beide an die vielen Höhen und Tiefen dieses merkwürdigen Jahres zurückdachten und froh waren, dass all das nun bald vorbei sein würde und unserem Eheleben eine neue, eine endlich intensivere Zeit zu zweit bevorstand.

Später am Abend, wir lagen schon im Bett, da drehte ich mich noch einmal zu Michael hinüber und flüsterte in seine Richtung: »Du, ich kann dir gar nicht beschreiben, wie sehr ich mich auf Mallorca freue. Das wird ein Fest! – Hey, Michael, schläfst du schon?«

»Si, Señor«, antwortete er. Und lachte dabei.

Die Wochen und Monate vor der Bundestagswahl am 22. September 2013 waren nicht weniger anstrengend und schwierig gewesen als die Zeit danach. Abgesehen von den außerhalb Europas glühenden Krisenherden bereitete mir vor allem die zunehmende Eskalation im Osten unseres Kontinents große

Sorgen. Das absichtlich entfachte Feuer der Gewalt fraß sich immer tiefer in die Ukraine und die Gemüter seiner Bürger. Die Stabilität einer ganzen Region stand plötzlich infrage, und im Auswärtigen Amt fühlten sich insbesondere ältere Diplomaten an die Logik des Säbelrasselns und die Diktion des Kalten Krieges erinnert.

Unsere Freunde und Verbündeten in Polen, Tschechien und natürlich dem Baltikum verfolgten die Provokationen des russischen Präsidenten Wladimir Putin und seiner Regierung mit großer Besorgnis. Während eines Abendessens mit einem europäischen Ministerkollegen notierte ich einen Satz, mit dem er den tschechischen Dichter und Politiker Václav Havel zitiert hatte: »Ein Blick auf die Landkarte und in die Geschichtsbücher zeigt, dass es schwierig sein wird, sich auf Dauer Frieden, Sicherheit und Ordnung in Europa vorzustellen, wenn nicht in der Mitte Europas Friede und Ordnung gesichert sind.«

Doch wo genau ist die Mitte Europas? Und wofür steht dieses Europa? Ich machte mir viele Gedanken darüber, denn wenn es stimmt, dass Europa überall dort ist, wo Freiheit, Menschenrechte und Pluralismus eine Selbstverständlichkeit sind, dann befand sich die Ukraine spätestens seit dem 21. November 2013 an einem Scheideweg.

An diesem Tag hatte Wiktor Janukowytsch überraschend angekündigt, das lange verhandelte Assoziierungsabkommen mit der Europäischen Union nun doch nicht unterzeichnen zu wollen. Für uns europäische Verhandlungspartner, vor allem aber für die vielen hoffnungsvollen und pro-europäisch gesinnten Menschen in der Ukraine war die Entscheidung ihres Staatspräsidenten ein Schlag ins Gesicht.

»Wir landen in etwa zehn Minuten«, informierte mich ein Herr vom Kabinenpersonal. Ich schrieb mir noch rasch einige Fragen für die anstehenden Gespräche auf und kramte dann in meiner Aktentasche nach einem Buch, das ich mir im Herbst gekauft hatte und in dem ich, so oft es eben ging, ein paar Seiten las: *1913. Der Sommer des Jahrhunderts* von dem Autor Florian Illies. Eine wunderbare Lektüre! Klug und heiter, immer unterhaltsam, nie banal. Ein Buch über ein Jahr, in dem so vieles möglich schien und doch der süßlich-morbide Geruch des nahenden Verfalls bereits allgegenwärtig war. Immer wieder staunte ich, wie viel von diesem merkwürdigen, gewaltsamen und in so vieler Hinsicht extremen 20. Jahrhundert in diesem einen Jahr 1913 bereits angelegt zu sein schien.

Ich blätterte bis zu dem kleinen Eselsohr, das ich zuvor auf meinem Hotelzimmer in Brüssel in die Seite 42 geknickt hatte. Ich las über die Stadt Wien und den Beginn dessen, was der Schriftsteller Franz Kafka einmal als das »nervöse Zeitalter« bezeichnet hatte. Wien galt damals als Frontstadt der Moderne: »Wien strotzte vor Kraft, war eine Weltstadt geworden, was man in der ganzen Welt sah und spürte, nur in Wien selbst nicht. Dort hatte man vor lauter Lust an der eigenen Selbstvernichtung übersehen, dass man unversehens an die Spitze der Bewegung gerückt war, die sich Moderne nannte.« Und einige Seiten später: »Am 16. Februar 1913 besteigt Josef Stalin am Wiener Nordbahnhof den Zug und reist zurück nach Russland.«

Wir waren auf dem Flughafen Kiew-Boryspil, etwa dreißig Kilometer östlich des Stadtzentrums, gelandet, und durch das Fenster unserer Maschine sah ich das schmucklose Gebäude am Rande des Rollfelds, das ich in diesem Jahr schon einige Male passiert hatte. Immer wieder war ich mit meiner Delegation nach Kiew gereist, um dort im Präsidentenpalast mit Wiktor Janukowytsch über die Zukunft seines Landes zu verhandeln. Wir wollten ihm, seiner Regierung, insbesondere aber der ukrainischen Bevölkerung eine Brücke in Richtung Europa bauen. Denn natürlich wussten wir, wie hin- und hergerissen das Land noch immer war: zwischen Ost und West, zwischen der Russischen Föderation einerseits und der Europäischen Union andererseits. Genau diese Gegensätzlichkeit aber, dieses Denken in Schwarz und Weiß, wollten wir auflösen. Auch deshalb habe ich in meinen Reden immer wieder betont, dass wir die Ukraine nicht vor die Wahl zwischen Europa und Russland stellen wollen. Wir wollten Brücken bauen.

Das jedoch entpuppte sich als leichter gesagt als getan: Bei meinen Treffen mit Wiktor Janukowytsch erlebte ich ihn als hart und unnachgiebig. Als ich ihm das erste Mal begegnete, da unternahm er nicht einmal den Versuch, eine Art Dialog aufrechtzuerhalten: Er trug seine Positionen vor, anschließend hörte er sich an, was ich zu sagen hatte – und das war es dann auch. Er wirkte auf mich bisweilen wie eine Karikatur jener Machthaber, an die wir uns wahrscheinlich noch alle aus der längst vergangenen Zeit der osteuropäischen Sowjetrepubliken erinnern.

Als ich ihn jedoch einige Monate später wieder in Kiew besuchte, schien er etwas Vertrauen in mich gefunden zu haben. Weder hatte ich ihn bei meinem letzten Besuch während der abschließenden Pressekonferenz angegriffen noch in Interviews schlecht über ihn geredet. Unsere Gespräche gestalteten sich jetzt offener, und er schien den Ideen Europas deutlich weniger abgeneigt zu sein als noch zu Beginn des Jahres. Ja, es würde schwierig werden: Russland setzte die Ukraine mit Handelssanktionen zunehmend unter Druck, und die gut geölte Moskauer Propagandamaschine arbeitete auf Hochtouren, um in der ukrainischen Bevölkerung diffuse Ängste vor Europa zu schüren. Aber ich erwartete, dass Janukowytsch am Ende das Assoziierungsabkommen mit der EU unterzeichnen und über jene Brücke, die wir ihm gebaut hatten, gehen würde. Weil ich an seine Vernunft glaubte.

Er hatte mich getäuscht. Er hatte die Europäische Union getäuscht. Er hatte den Großteil seiner Bevölkerung getäuscht. Und nicht nur das: Als die Bürger seines Landes ihrer Wut und ihrer Enttäuschung über das gescheiterte Abkommen Luft machten und zu Tausenden auf die Straßen gingen, um friedlich für eine engere Bindung der Ukraine an die Europäische Union zu demonstrieren, da zündete Wiktor Janukowytsch die Lunte eines Pulverfasses: In der Nacht zum 30. November 2013 ließ er die Schergen der Berkut, einer Spezialeinheit der ukrainischen Polizei, unzählige Bürger mit einer nicht für möglich gehaltenen Brutalität zusammenschlagen und in die Gefängnisse der Stadt verschleppen.

Der Protest der vielen entwickelte sich jetzt zum Widerstand der Massen: Im Jahr 22 seit der wiedererlangten Unabhängigkeit der Ukraine skandierten immer mehr Menschen: Nein zu Korruption und Polizeigewalt! Nein zu Inflation und Armut! Ja zu Freiheit und Menschenrechten! Ja zu Europa!

Ich klappte das Buch zu und verstaute es nachdenklich in meiner Aktentasche. Ich zog meinen Krawattenknoten fest und ließ mir meinen Mantel geben.

»Vergessen Sie nicht Ihren Schal«, erinnerte mich einer meiner Mitarbeiter. »Es wird eine kalte Nacht da draußen werden.«

Noch bis kurz vor unserem Abflug aus Brüssel hatte ich mit meinen engsten Kollegen alle möglichen Szenarien dieser durch und durch heiklen Mission durchgespielt. Die Brüsseler Tagung der Außenminister aller NATO-Staaten war ja bewusst so terminiert worden, dass wir an dem tags darauf beginnenden OSZE-Außenministertreffen in Kiew teilnehmen konnten. Undenkbar schien es mir deshalb, als deutscher Außenminister in die Hauptstadt der Ukraine zu reisen und dort die unzähligen Demonstranten einfach zu ignorieren: so zu tun, als hörten wir ihre Rufe nach Freiheit nicht; so zu tun, als gingen uns ihre Sorgen und Hoffnungen nichts an.

Selbstverständlich war ich mir über die bevorstehende Gratwanderung bewusst: Einerseits wollte ich den wütenden und frierenden Menschen auf den Straßen Kiews ein Signal geben. Andererseits aber durften wir die Spannungen nicht noch zusätzlich erhöhen und die Regierung der Ukraine brüskieren. Die Aufgabe meines Besuchs bestand also darin, die Solidarität der Europäischen Union zum Ausdruck zu bringen und gleichzeitig der Diplomatie wieder mehr Raum für weitere Verhandlungen zu verschaffen.

Ein schwieriges Unterfangen, zumal die Ausgangslage nicht gespenstischer hätte sein können: Der Präsident Janukowytsch hatte in diesen wichtigen Tagen sein Land verlassen und weilte auf Staatsbesuch in China. In Kiew führten derweil sein Premierminister Mykola Asarow und der Außenminister Leonid Koschara die Amtsgeschäfte. Die Opposition und ihre Anführer Vitali Klitschko und Arsenij Jazenjuk wollten die verhasste Regierung stürzen, waren sich aber nicht immer einig über die dafür richtige Strategie. Auf den Straßen der Stadt mischten sich unterdessen immer mehr von den Geheimdiensten gesteuerte Provokateure unter die friedlichen Demonstranten. Sie schürten unablässig das Feuer, um die Proteste eskalieren zu lassen und damit den Spezialeinheiten der Polizei einen neuerlichen Anlass zu geben, gewaltsam in das Geschehen einzugreifen.

Zur Bühne des Protests war wieder einmal der Maidan geworden: ein ovaler, zweigeteilter Platz inmitten Kiews, auf dem sich bereits knapp zehn Jahre zuvor, im Winter 2004, unzählige Menschen zur »Orangen Revolution« eingefunden hatten und schon damals laut und deutlich nach Europa riefen. Damals galt Julija Tymoschenko, die Politikerin mit dem markanten aschblonden Haarkranz, als Heldin der Massen und Feindin des etablierten Systems. Jetzt, Anfang Dezember 2013, war sie im obersten Stockwerk eines Gefängnisses in der ost-ukrainischen Stadt Charkow inhaftiert und litt an den Folgen eines Bandscheibenvorfalls. Auf dem Maidan versammelten sich derweil immer mehr Demonstranten und forderten ihre Freilassung.

»Die Stimmung in der Stadt ist extrem angespannt«, sagte mir unser Botschafter, nachdem er mich an der Treppe zu unserer Regierungsmaschine begrüßt hatte. Wir stiegen in eine der schwarzen Botschafts-Limousinen und besprachen während der Fahrt in unser Hotel noch einmal das Programm der kommenden Stunden.

»Wir sind spät dran. Klitschko und Jazenjuk warten bereits im Hotel.«

»Wie verhält sich die ukrainische Regierung?«, fragte ich ihn.

»Asarow hat den Demonstranten eine Frist gesetzt, bis wann sie die besetzten Regierungsgebäude räumen müssen.«

»Und? Werden sie das machen?«

»Sieht nicht danach aus: Auf dem Maidan haben sie neue Barrikaden errichtet und davor Wasser verschüttet, damit sich auf dem Boden Glatteis bildet.«

»Wie viele Leute sind gerade auf dem Platz?«

»Schwer zu schätzen. Vor ein paar Tagen waren es Zehntausende, momentan sind es sicherlich weniger.«

»Aber eng wird es in jedem Fall?«

»Davon können Sie ausgehen.«

Noch in Brüssel hatten meine Berater und ich beschlossen, dass ich nach dem Gespräch mit den beiden Oppositionsführern mit ihnen gemeinsam zum Maidan gehen würde. Damit wollten wir den Menschen dort zeigen: Wir treffen nicht nur die Vertreter eurer Regierung, sondern auch deren Herausforderer. Wir mischen uns zwar nicht in die inneren Angelegenheiten eines anderen Landes ein, aber wir zeigen Flagge. Die Flagge Europas und seiner Ideale.

Natürlich gab es Bedenken. Wie reagieren die Russen? Schließlich würde sich mit mir das erste Mal ein Regierungsmitglied eines EU-Landes mit den Demonstranten auf dem Maidan treffen. Bestimmt würden sie von »Einmischung« und »Parteinahme« sprechen – und genau diese Vorwürfe wurden einige Tage später ja tatsächlich von Russlands Ministerpräsidenten Dmitri Medwedew erhoben. Was aber die russische Seite schon damals nicht verstand: Wir nehmen in der Ukraine nicht Partei für eine bestimmte politische Option, sondern für die Werte Europas.

Auf dem Maidan, das wussten wir, tummelten sich jedoch inzwischen nicht mehr nur friedliebende Zeitgenossen.

»Die Sicherheitslage ist bedenklich«, informierte mich einer unserer Sicherheitsbeamten.

Ich überlegte kurz und erinnerte mich an all die anderen bedenklichen Situationen während meiner vergangenen vier Jahre im Amt des Außenministers. Immer gab es Warnungen, nie aber ist etwas passiert: Nicht auf dem Tahrir-Platz in Kairo, wo ich nach einem spontanen Besuch von Tausenden Menschen umringt worden war. Nicht in Afghanistan, wo Aufklärungskräfte einen angeblich geplanten Raketenanschlag der Taliban auf Thomas de Maizière und mich vereitelt hatten. Nicht im Irak, nicht in Libyen und auch nicht in Mali. Immer hörte ich auf die Hinweise unserer Sicherheitsleute. Nur ganz selten setzte ich mich darüber hinweg. So wie an diesem Dezembertag in Kiew.

Das graue Licht der Dämmerung hatte sich schon über die Fassaden gelegt, als wir endlich die Innenstadt erreichten. Unser Fahrer steuerte den Wagen auf einen kleinen Vorplatz des

Hotels. In der Ferne sah ich die goldenen Türme des Michaelsklosters schimmern.

Ich öffnete die Wagentür. Blitze zuckten durch die anbrechende Dunkelheit, und das helle Licht der Fernsehkameras blendete mich. Ich stieg aus, lächelte, kniff die Augen etwas zusammen und nickte den wartenden Journalisten zu. Menschen riefen meinen Namen, und rasch bildete sich eine kleine Traube, in deren Mitte ich mich quer durch die Eingangshalle des Hotels bis zu den Fahrstühlen schieben ließ. Ich fuhr in das oberste Stockwerk, ein Hotelangestellter öffnete mir das Zimmer und drückte mir die Schlüsselkarte in die Hand.

Ich betrat das Zimmer, zog die dunklen Vorhänge zu, packte meine Sachen aus und ging ins Badezimmer, um mir noch schnell die Hände und das Gesicht zu waschen. Anschließend nahm ich meinen Schal und den Mantel wieder von der Garderobe am Eingang meines Zimmers und machte mich auf den Weg zurück in die Eingangshalle des Hotels.

Arsenij Jazenjuk kannte ich seit vielen Jahren, und auch die beiden Klitschko-Brüder Vitali und Wladimir waren mir schon oft begegnet. Kennengelernt hatten wir uns vor vielen Jahren bei einer Sportveranstaltung in Hamburg. Seitdem verfolgte ich den Werdegang der beiden und war insbesondere von Vitalis Karriere und politischem Engagement in seinem Heimatland sehr beeindruckt. Mit jedem Satz widerlegten die zwei Brüder das Vorurteil, wonach es Boxer mehr in den Fäusten als in der Birne haben. Und während unserer Beratungen im Auswärtigen Amt hörte ich von meinen Kollegen nicht nur einmal das Bonmot: Im Gegensatz zu vielen anderen ukrainischen Politikern weiß man bei den Klischkos immerhin, wie sie ihre Millionen verdient haben.

Vitali, der damals 42-jährige Weltmeister im Schwergewicht,

war nicht über Nacht zum Politiker geworden: Er hatte schon 2006 einmal bei der Wahl zum Bürgermeister Kiews kandidiert. Und verloren. Aber er ließ sich davon nicht beirren, sondern engagierte sich weiter für eine offene ukrainische Gesellschaft. Er tat das auch am Tag vor dem brutalen Polizeieinsatz. Da stand er auf einer Bühne am Maidan und sprach zu den Massen. Aber er widerstand der Versuchung, mit der Kraft seines Charismas die Menschen aufzuwiegeln. Stattdessen beruhigte er sie und mahnte zur Besonnenheit.

Die politische Laufbahn Vitali Klitschkos und sein Engagement in der Ukraine sind umso erstaunlicher, wenn man sich sein Elternhaus vergegenwärtigt: Seine Mutter stammt aus Russland, sein Vater diente in der Roten Armee, und er selbst sprach angeblich lange Zeit besser Russisch als Ukrainisch. Sein Erfolg als Boxer jedoch öffnete ihm nicht nur die Tür in den Westen, sondern auch die Augen: Er sah die Lebensqualität in Deutschland und den Vereinigten Staaten. Oder auch der Nachbarn in Polen, denen es noch im Jahr, als der Eiserne Vorhang fiel, schlechter als den meisten Ukrainern gegangen war und die heute ein Ausmaß an Freiheit und Wohlstand genießen, das für die Menschen in Vitali Klitschkos Heimat schier unvorstellbar ist.

In der Hotelhalle versammelten sich nach unserer Ankunft immer mehr Menschen. Ich bahnte mir den Weg durch die Menge, bis ich direkt vor Arsenij Jazenjuk und Vitali Klitschko stand. Zu meiner Freude sah ich, dass Vitali seine Ehefrau Natalia und seinen Bruder Wladimir mitgebracht hatte. Wir begrüßten einander mit einem kräftigen Händedruck und zogen uns anschließend in einen fensterlosen Besprechungsraum zurück, um in Ruhe und ohne die vielen Kameras die dramatische Lage erörtern zu können.

Die Gesichter der beiden Politiker waren blass. Ich sah ihnen die Belastung der letzten Tage, die vielen schlaflosen Nächte und das nagende Gefühl der Ungewissheit an: Wie sollte es weitergehen? Präsident Janukowytsch klammerte sich an die Macht, und sein Premierminister Asarow drohte den Demonstranten unverhohlen: »Wir sind stark genug, um uns zu wehren!«

Was das bedeuten kann, hatte Vitali Klitschko mit eigenen Augen gesehen: Er stand auf dem Maidan, als die Spezialkommandos die Leute mit Steinen und Stangen traktierten. Er sah Menschen blutüberströmt in die Knie gehen und wusste: Das hier ist kein Boxkampf, das hier ist lebensgefährlich. Das hier darf um Himmels willen nicht zu einem Bürgerkrieg ausarten.

»Das Regime sucht die Eskalation«, sagten Jazenjuk und Klitschko. »Seit unserem gescheiterten Misstrauensvotum im Parlament vor zwei Tagen haben sie Oberwasser.«

Im Parlament war die Opposition bei allen Abstimmungen unterlegen. Hinzu kam, dass sich die Opposition selbst in vielen Fragen uneins war. Vitali Klitschkos Partei zum Beispiel war allenfalls die drittstärkste Kraft und hatte ohne die Unterstützung von Jazenjuk und seiner nationalliberalen Partei wahrscheinlich nicht den Hauch einer Chance. Die Regierung aber verstand es geschickt, die Opposition immer wieder zu spalten und gegeneinander aufzubringen. *Divide et impera*, teile und herrsche, diese zynische politische Maxime galt und funktionierte auch in der Ukraine.

»Was eint euch?«, fragte ich die beiden. »Was eint euch jenseits der Tatsache, dass ihr die Regierung ablehnt?«

Die beiden blickten sich schweigend an. Ein wenig abseits saß Vitalis Bruder Wladimir. Auch er sagte kein Wort.

»Also, was eint euch?«, fragte ich erneut.

Arsenij Jazenjuk beugte sich nach vorne, stützte sich mit

den Ellenbogen auf die Knie und verschränkte seine Hände. Dann hob er den Kopf und sagte mit einem Gesichtsausdruck voller Ernsthaftigkeit und Besorgnis, dass es banal und kitschig klingen möge, so abgedroschen und so dahingesagt: Aber es sei die Sehnsucht, die sie zusammenbringe. Die Sehnsucht, endlich in einem Land mit einer Perspektive zu leben. Einem Land, das nach Fairness und Wohlstand strebe. Einem Land, das die Korruption bekämpfe. Einem Land, das keine Schlägertrupps auf wehrlose Menschen hetze, weil die eine andere Meinung als die Regierung haben. Einem Land, das von seinen Nachbarn in Frieden gelassen werde. Einem Land, dessen Gesellschaft jene Werte leben dürfe, die im Rest Europas eine Selbstverständlichkeit geworden seien.

»Danach sehnen wir uns, und darin sind wir uns auch einig.«

Die Regierung der Ukraine spielte unterdessen auf Zeit. Ihr Kalkül: Der bevorstehende Frost und die nahenden Neujahrsfeiertage sollten die Zahl der Demonstranten auf dem Maidan ausdünnen und ihren Willen brechen. Und Leonid Koschara, mein Außenministerkollege, sagte: »Solange Regierungsgebäude blockiert werden, können wir nicht ernsthaft von friedlichen Protesten reden.« Der Kampf um die Macht, das war seit dem gescheiterten Misstrauensvotum allen Beteiligten bewusst, würde nicht allein im Parlament ausgetragen werden. Der Kampf fand auf den Straßen und Plätzen Kiews statt.

Aus allen Landesteilen strömten deshalb immer mehr Menschen auf den Maidan. Unter ihnen aber befanden sich auch Extremisten, die die Gunst der Stunde für ihre Motive nutzen wollten: zerstören, kaputt schlagen, den Frust rauslassen über all das, was in ihrem Land und in ihrem Leben bisher schiefgelaufen war. Vitali Klitschko wusste das, und zu seinen bleibenden Verdiensten gehört es, die Menschen auf dem Platz immer wieder zur Besonnenheit aufgerufen zu haben.

»Unser Problem sind die Provokateure«, sagte Klitschko mit seiner ruhigen, tiefen Stimme. »Menschen, die angeheuert wurden, um Unruhe zu stiften. Sie wollen die Eskalation. Wir nicht! Wir wollen Neuwahlen. Nicht mehr, nicht weniger.«

Während meiner vier Jahre als Außenminister habe ich mehrfach erlebt, wie das Auge der Öffentlichkeit zu einem Mittel des politischen Handelns werden kann. In den weitaus meisten Fällen sind Diplomatie und Öffentlichkeit allerdings schwer miteinander in Einklang zu bringen. Denn Vertrauen erwächst aus Vertraulichkeit. Erst das gegenseitige Vertrauen der Akteure eröffnet ihnen den Raum für eine weitsichtige und verlässliche Politik.

Manchmal jedoch ist genau das Gegenteil richtig: die Herstellung von Öffentlichkeit zum richtigen Zeitpunkt. Am Abend des 5. Dezember 2013 war so ein Zeitpunkt. Denn am nächsten Tag würden sich in Kiew die Außenminister der insgesamt 57 OSZE-Staaten zu ihrer Jahrestagung treffen. Auf der Agenda stand unter anderem die Sicherheit von Journalisten. Gerade angesichts dessen am Vorabend dieser Konferenz nicht die Demonstranten auf dem Maidan zu besuchen hätte das Vertrauen dieser Menschen in die Ideale Europas zerstört. Und zwar zu Recht, denn erst wenige Tage zuvor waren auf dem Platz Journalisten verprügelt worden, eben weil sie sich als Journalisten zu erkennen gegeben hatten.

»Gehen wir gemeinsam auf den Maidan?«, fragte Arsenij Jazenjuk.

»Ja«, sagte ich und fügte noch einen Satz hinzu, den ich tags darauf während der OSZE-Konferenz wiederholte: »Wie auf pro-europäische Kundgebungen reagiert wird, ist auch ein Gradmesser dafür, wie ernst es dem ukrainischen Vorsitz mit den in der OSZE verankerten gemeinsamen Werten ist.«

Die Dunkelheit war bereits hereingebrochen, als wir nach unserem eineinhalbstündigen Gespräch das Hotel verließen und nach draußen in die kalte Nacht traten. Beim Ausatmen quollen weiße Dampfschwaden aus unseren Mündern. Unter meinen Schuhsohlen knirschte der Kiesel. Ich klappte das Revers meines Wintermantels nach vorne und zog die Schlaufe meines Wollschals noch fester. Es schien mir in diesem Moment fast unvorstellbar, dass Menschen bei dieser Kälte über Tage und Wochen hinweg im Freien ausharren. Ich fragte mich: Wie groß muss ihre Verzweiflung sein, wie mächtig ihre Wut, wie stark ihr Wille?

Wir verließen das Grundstück des Hotels. Ich erkannte den Glockenturm der Sophienkathedrale, die seit 1990 zum Weltkulturerbe der UNESCO zählt. Was für ein majestätisches, doch in keiner Weise pompöses Gebäude. In der anderen Richtung, etwas weiter weg, schimmerten noch immer die goldenen Kuppeln des Michaelsklosters.

Was würde das Hunderte Jahre alte Gemäuer wohl alles erzählen, wenn es denn sprechen könnte: Von den unermesslichen Reichtümern, die hinter seinen Mauern einst gehortet wurden. Von den schrecklichen Hungersnöten, die die Ukraine unter Stalins Herrschaft zu durchleiden hatten. Von den vielen Verzweifelten, die an seiner Pforte gebettelt hatten. Von der Schlacht um Kiew im Spätsommer 1941 und der anschließenden Besetzung der Stadt durch die Truppen der Wehrmacht. Von seiner Sprengung durch die Kommunisten und seinem Wiederaufbau nach dem Untergang der Sowjetunion. Und vielleicht auch von jener Nacht vor einer Woche, als sich gegen vier Uhr morgens etwa zweihundert Demonstranten in das Michaelskloster flüchteten, um sich dort vor der Berkut zu verschanzen.

An einer Kreuzung bogen wir ab und gingen auf einer leicht

abschüssigen Straße hinab zum Maidan. Rechts von mir Jazenjuk, links von mir die beiden Klitschko-Brüder, um uns herum zahlreiche Sicherheitsbeamte. Ich vergrub meine Hände in den Manteltaschen, und für einen Augenblick beneidete ich die beiden Klitschkos um ihre gefütterten Jacken und die dicken Stiefel, in denen ihre Beine steckten.

Der Pulk, in dem wir uns bewegten, schwoll nun immer weiter an. Wo uns zuvor nur Dutzende begleitet hatten, liefen nun bald Hunderte. »Klitschko, Klitschko«, skandierten sie und »Ruhm der Ukraine« – worauf die beiden Klischkos zurückriefen: »Ruhm den Helden!« Neben den beiden Hünen Vitali und Wladimir kam ich mir mit meinen 1,82 Meter Körpergröße wie ein Zwerg vor, und selbst meine kräftigen Sicherheitsleute wirkten im Vergleich zu den beiden fast zierlich.

»Da vorn«, deutete Vitali Klitschko mit seiner Rechten: »Der Maidan.«

Rauch stand über dem Platz. Weißer, beißender Rauch. Wir erreichten die ersten Barrikaden. Überall waren Stahltonnen und Fässer, aus denen das Feuer loderte. Daneben standen die Menschen in dicken Anoraks und Fellmützen. Manche hatten sich zum Schutz vor der Kälte Tücher vor ihr Gesicht gebunden, andere die blau-gelbe Nationalflagge der Ukraine als Schärpe um ihre Hüfte gewickelt. Wieder andere benutzten die Fahne als Stola und standen wie erstarrt vor den Feuern und wärmten sich mit ausgebreiteten Armen.

Eine regelrechte Flut von Eindrücken prasselte auf mich ein. Ich sah die weißen Plastikdächer einer Zeltstadt. Ich sah umgeworfene Absperrungen aus grauem Metall. Ich sah Männer mit Bauarbeiterhelmen, die sie zum Schutz vor den Polizeiknüppeln trugen und mit Klebefolie an ihren Kinnladen fixiert hatten. Ich sah ein Porträt von Wiktor Janukowytsch hinter Gitterstäben. Ich sah einen Jungen mit einer Gitarre. Und ich sah einen Sandhaufen, der an einen Igel erinnerte, weil aus ihm unzählige Kerzen wie Stacheln ragten und im Wind flackerten. Der ganze Platz dampfte. Die Luft roch nach gebratenem Fleisch.

Immer enger schloss sich nun der Kreis um unsere Gruppe. Die Blicke meiner Sicherheitsleute tasteten die Fassaden und Dachfirste der umliegenden Häuser ab. Die Menschen schrien und jubelten, als sie uns erkannten. Hände streckten sich nach uns, klopften uns auf die Schultern, zogen uns an den Ärmeln. Hände, überall Hände, wohin ich auch sah.

»Ruhm der Ukraine!« – »Ruhm den Helden!«

Lauter und lauter schallten die Schlachtrufe der Demonstranten. Immer mehr von ihnen drängten zu uns heran.

»Westerwelle!«

Plötzlich hörte ich aus den Lautsprechern meinen Namen.

»Westerwelle!«

Ich drehte mich um.

»Auf die Bühne!«, übersetzte Jazenjuk für mich. »Sie sollen auf die Bühne kommen.«

Der deutsche Botschafter und ich blickten uns fragend an.

»Nein«, sagte ich, und auch der Botschafter stimmte mir zu. »Das wäre ein Schritt zu weit. Ich bin gekommen, um den Demonstranten unsere Solidarität zu zeigen und in einem Konflikt zu vermitteln. Nicht, um die Regierung zu provozieren.«

Das lateinische Credo *respice finem*, bedenke das Ende, zählte immer zu den wesentlichen Leitlinien meiner Außenpolitik: Was im Augenblick der Euphorie richtig und wichtig erscheinen mag, entpuppt sich langfristig oft als falsch.

Als das leider beste Beispiel für die dramatischen Folgen einer allzu kurzsichtigen Politik waren mir die Reaktionen auf unser Abstimmungsverhalten im Sicherheitsrat der Vereinten Nationen im Gedächtnis geblieben, als es im Frühjahr 2011 um die Frage ging: Soll die internationale Gemeinschaft in Libyen intervenieren? Billigen wir im libyschen Bürgerkrieg den Einsatz von Waffengewalt der Völkergemeinschaft, um Zivilisten vor den Raketen des Gaddafi-Regimes zu schützen?

Angela Merkel und ich hatten damals entschieden, uns bei der Abstimmung im UNO-Sicherheitsrat zu enthalten. Denn anders als seinerzeit in Afghanistan erkannten wir in Libyen keinen Bündnisfall nach Artikel 5 des NATO-Vertrags. Deshalb traf mich auch der Vorwurf nicht, wir hätten mit unserem Stimmverhalten gegen die Bündnissolidarität verstoßen.

Bedenke das Ende! wählte ich schließlich auch als Überschrift für einen Artikel in der *Süddeutschen Zeitung*, in dem ich die Gründe für unsere Entscheidung darlegte.

Ich ging zurück über den Platz in Richtung meines Hotels. In meinem Zimmer setzte ich mich an den kleinen Schreibtisch neben dem Bett und schrieb noch einige Gedanken und Fragen in mein Notizbuch, die mich schon im Flugzeug beschäftigt hatten: Warum erlebt man die Magie einer Idee vor allem dort, wo sie noch keine Selbstverständlichkeit ist? Warum erkennen wir erst im Mangel oder im Verlust, was uns wirklich wichtig ist? Und warum hatte ich das Gefühl, in dieser Nacht in der Mitte Europas zu sein, wo ich mich doch in Wirklichkeit sehr weit im Osten, ja am äußersten Rand Europas befand?

Ich klappte das Büchlein zu, stand auf und trat an das Fenster. Ich schob den Vorhang einen Spalt zur Seite und blickte noch lange auf die Lichter der Stadt.

2

Die Auslöschung

Köln, am 29. August 2014

Ein Traum, warum nur immer wieder dieser Traum? Der Lichtkegel des Scheinwerfers streicht wie ein dicker, langer Zeigefinger durch das Zirkuszelt. In seinem gleißend hellen Schein leuchten die Gesichter der Zuschauer weiß auf, und ihre Köpfe werfen lange schwarze Schatten. Bis gerade eben noch drang der Lärm von Trommeln und Trompeten bis hierherauf unter das Dach des Zeltes. Dann aber ergreift der Direktor das Wort. Ein hochgewachsener Mann mit einem imposanten Kinn und einem Zylinder auf dem Kopf. Er bittet um Ruhe. Um Ruhe für die Akrobaten. Jetzt wird es auf einmal immer stiller in dem großen weiten Rund, und mir scheint, als versickerte das Gewirr der Stimmen, all die tausend Töne und Geräusche, im Grund der Manege.

Der Strahl des Scheinwerfers schwenkt zu mir hoch, blendet mir ins Gesicht. Ich blicke ins Schwarz, das mich umgibt, ins Schwarz, das alles schluckt.

»Spring jetzt!«, ruft Heinrich, mein Vater.

Mit dem rechten Unterarm wische ich den Schweiß von meiner Stirn. Dann greife ich nach der Schaukel, die neben dem schmalen Steg, auf dem ich hier hoch oben in der Luft stehe, befestigt ist. Ich umschließe die Stange fest mit meinen Händen. Dann blicke ich zu meinem Vater.

Er schwingt an einer zweiten Schaukel durch die Zirkuskuppel. Das Trapez hat er in seinen Kniekehlen eingeklemmt. Er schaukelt hin und her. Mal ist er mir ganz nah, mal ist er mir ganz fern. Um meine Sache gut zu machen, das hat er mir immer wieder gesagt, muss ich springen, wenn er mir nicht nah, sondern fern ist. So fern wie in diesem Augenblick.

»Und los!«

Ich strecke meinen Rücken durch, die Schultern, den Nacken, alles, mache mich so lang wie möglich, lehne mich nach hinten, hole Schwung, stoße mich mit beiden Beinen von dem Steg ab, der letzte wackelige Halt, auf dem ich noch Boden unter meinen Füßen habe. Ich spüre den Wind. Er bläst mir ins Gesicht, rauscht an meinen Ohren vorbei, fährt mir in die Haare.

Aber da sind keine Haare.

Mein Vater sagt: Wenn du fliegen willst, musst du loslassen, bevor ich dich auffange. Du wirst das schon schaffen. Du bist stark genug, mein Sohn.

Bin ich es, der sich dreht? Oder dreht sich die Welt? Steige ich? Oder falle ich? Ist da unten ein Netz? Nein, da ist kein Netz, da geht es steil hinab.

Ich falle immer tiefer in das Schwarz, das mich umgibt, das Schwarz, das alles schluckt.

Heinrich?

Irgendwann am frühen Nachmittag muss ich wohl eingeschlafen sein. Wie spät ist es? Ich schaue aus dem Fenster und sehe auf dem Dach des gegenüberliegenden Gebäudes einen Rettungshubschrauber. Er ist wohl gerade erst gelandet. Seine Rotorblätter drehen sich noch. Der Schall seines Motors trommelt gegen mein Fenster. Zwei Sanitäter öffnen von außen die Tür und ziehen an einer Trage. Ein dritter Sanitäter läuft über das Dach und eilt ihnen zu Hilfe. Seine Jacke bläht sich im Wind der verwirbelten Luft.

Ich drehe mich zur Seite. Ich nehme meine ganze Kraft zusammen und versuche, mich in meinem Bett aufzusetzen. Der Schlafanzug ist schon wieder durchgeschwitzt. Es ist bereits der zweite heute. Im Schrank liegt nur noch ein frischer. Das wird nicht reichen bis morgen früh.

Ich stütze mich auf meine Ellenbogen, drücke die Fersen gegen die Matratze und schiebe dann meinen Oberkörper behutsam weiter nach oben. Ich stoße mich mit meinen Händen vorsichtig von dem Laken ab, spanne meine Bauchmuskeln an und beuge mich langsam nach vorne. Meine Beine drücken weiter, noch weiter, ein kleines Stück noch – und ich habe es geschafft.

Ich sitze.

Meine Armbanduhr liegt auf der Konsole neben dem Bett. Es ist kurz vor halb drei. Das Essen ist längst abgeräumt, das Essen, von dem ich wieder einmal keinen Bissen runterbekommen habe. Ich lächle, als ich den Teller mit einer Scheibe Graubrot und der verschweißten Butter daneben sehe. Ich lächle, und zugleich wird mir speiübel. Die Schwestern, die Ärzte, sie alle meinen es ja nur gut. Keiner hier will mich zum Essen zwingen. Aber dazu verführen wollen sie mich alle. Doch ich kann kaum mehr schlucken. Die Chemotherapie hat meinen Hals und den Rachen in ein brennendes, wundes Schlachtfeld verwandelt. Alles pocht und glüht und fühlt sich an, als läge in meinem Mund ein Ballen Stacheldraht.

Neben mir piepst und blinkt es. Dutzende Lichter. Ein Summen, ein kurzes Rattern. Dann wieder Stille. Pieps. Wieder Stille. Dann erneut dieser Summton, dieser verfluchte Summton, der mich durch die Tage und Nächte begleitet. Wäre mein Leben hier auf der KMT-Station eine Partitur, dann wäre dieses

Summen der Bass, der immer da ist und brummt und mir meinen Schlaf raubt. Und das Piepsen, das wären die Geigen, die mit ihren schlanken Bögen unaufhörlich in die Stille stechen.

KMT steht für das endlose Wort »Knochenmarktransplantation«. Hier aber auf der Station spricht es niemals jemand aus, alle sagen nur KMT.

Neulich habe ich mir für einen Moment überlegt, was wohl geschehen würde, wenn ich einfach den Stecker dieser Infusionsmaschine zöge. Mir die drei Schläuche unterhalb des Schlüsselbeins aus dem Brustkorb nähme und einfach ginge. Raus durch die Schleuse dieser Isolierstation, raus durch die Eingangshalle der Universitätsklinik, raus nach Köln, raus in die Welt. Raus in mein altes Leben.

Wahrscheinlich wärst du kurz danach tot, dachte ich mir.

Aber sterbe ich nicht auch so?

Vielleicht.

Vielleicht auch nicht.

Wer weiß das schon.

Obwohl der Morgen des heutigen Tages der eines besonderen Tages war, hatte er so begonnen wie eigentlich alle Tage auf der KMT-Station: Schwestern und Pfleger kommen rein, Schwestern und Pfleger gehen wieder raus. Flüssige Medikamente tropfen durch die Schläuche unter meinem Schlüsselbein in die Vene hinein, gleichzeitig fließt Blut durch einen anderen Schlauch heraus. Das Blut wird analysiert, unterdessen piepst und summt und rattert es. Ich schiebe ein süßes Brötchen ohne Rosinen auf meinem Frühstücksteller nach rechts. Und ich schiebe es wieder nach links. Dann stelle ich den Teller mit dem Brötchen zur Seite. Jeden Morgen.

Wieder öffnet sich die Zimmertür. Ärzte treten an mein Bett und fragen mich nach meinem Befinden. Meinem Fieber. Der

Farbe meines Stuhlgangs. Seiner Konsistenz. Meinen Sorgen. Meinen Hoffnungen. Dabei haben sie ihre Klemmbretter dabei und notieren alle Antworten. Sogar als wir über meine Hoffnungen reden, schreibt eine junge Frau mit. Die Ärzte sprechen ruhig und sachlich miteinander. Manche Worte und Abkürzungen verstehe ich nicht, dann frage ich nach.

»Was bedeutet Gray?«

»Damit bezeichnen wir die Intensität der Dosis, mit der wir Ihren Körper bestrahlen«, erklärte mir einer der Ärzte. Er sprach jetzt betont deutlich: »Ist nach einem britischen Physiker benannt. Wir werden Sie heute Vormittag und heute Abend mit jeweils zwei Gray dieser ionisierten Strahlung therapieren.«

»Spüre ich das?«

»Nein, auf keinen Fall.«

»Und wie gefährlich ist diese Strahlung?«

»Das kommt immer auf die Dosis an. Aber zur Wahrheit gehört, dass die Dosis, der wir Sie heute aussetzen, potentiell letal ist.«

»Sie meinen, tödlich?«

»Ja. Wir wissen ja nicht zu hundert Prozent, ob sich auch nach der Chemotherapie noch bösartige Krebszellen in Ihrem Knochenmark verstecken. Die Strahlen vernichten diese Zellen. Aber sie töten eben auch Ihre Blutstammzellen, jene Zellen also, die Sie für die Blutbildung brauchen.«

»Was bleibt dann noch von mir übrig?«

»Jede Menge, Herr Westerwelle! Sie müssen sich Ihren Körper wie einen leeren Setzkasten vorstellen. Die Chemo der letzten Tage und die Strahlung wird Ihr bisheriges Immunsystem weitgehend zerstören. Aber eben auch vorbereiten auf die Transplantation neuer Stammzellen in vier Tagen. Die Bestrahlung soll helfen, verbliebene Krebszellen zu beseitigen und im Knochenmark genug Raum für das Anwachsen der gesunden Spenderstammzellen zu schaffen, die dann hoffentlich Ihr neues Blut produzieren werden.«

»Wie lange dauert die Bestrahlung?«

»Jeweils etwas über eine Stunde. Sie werden sehen, das geht schnell vorbei.«

Ich bin mir in diesem Moment nicht sicher, ob ich alles verstehe, was mir der Arzt heute früh erklärt hat. Aber das Prinzip ist mir klar: Um eine Chance zu haben, den Krebs in mir zu besiegen, werde ich an den Rand des Abgrunds gebracht. Ich soll also fast sterben, um wahrscheinlich zu überleben. Eine merkwürdige Logik.

Nach der Bestrahlung bin ich jedenfalls alleine nicht mehr überlebensfähig. Vier Tage und Nächte lang bin ich auf Gedeih und Verderb auf die Stammzellenspende angewiesen. Vier Tage und Nächte werde ich in der Luft hängen. Wenn der Spender in dieser Phase sein Einverständnis zurückziehen würde, wäre das mein Todesurteil. Ich bekäme irgendeine Infektion, dann noch eine, fiele ins Koma und würde ganz langsam hinabgleiten in die Dunkelheit, ins Schwarz, ins Nichts.

Als die Ärzte nach ihrer Morgenvisite mein Zimmer wieder verlassen hatten, ging alles sehr schnell.

So schnell wie jetzt, da erneut zwei Pfleger durch den Türrahmen treten, um mich in meinem Bett zur zweiten Bestrahlung zu rollen: Es strengt mich an, meine Arme zu heben, um die beiden Laschen des Mundschutzes hinter meine Ohren zu spannen. Erschöpft schiebe ich meine Hände unter die Bettdecke. Einer der beiden Pfleger nestelt derweil an meinem ZVK herum. So bezeichnen sie hier jene drei Schläuche, die aus meinem Brustkorb baumeln und sich von dort zu einem Kanal zusammenfinden, der durch die Vene bis knapp über den oberen Rand meines Herzens führt.

Zentraler Venenkatheter heißen die Plastiklaschen eigentlich. Aber dieses Wort wäre zu lang. Also sagen wir hier, auf der KMT, nur ZVK. Zeit und Prägnanz spielen in der auf Schnelligkeit und Effizienz getrimmten Welt der modernen Medizin eine sehr große Rolle.

Alle Medikamente werden mir durch eine der drei Kanülen verabreicht: Das Zellgift der Chemotherapie ebenso wie die Schmerzmittel, die Beruhigungsmittel, die Aufputschmittel sowie all die anderen Mittel und Mittelchen, die die Ärzte seit Monaten in mich reinpumpen, um damit meine Krankheit, eine *akute myeloische Leukämie*, zu bekämpfen. Blut kann man mir aus meinem ZVK ebenso zapfen wie mich darüber künstlich ernähren, sollte ich nach der Strahlentherapie oder irgendwann sonst im Laufe der kommenden Wochen ins Koma fallen. So ist es Christian ergangen, einem Familienvater zwei Zimmer weiter, den ich nun schon länger nicht mehr auf dem Gang der KMT-Station gesehen habe, weil er angeblich seit einigen Tagen auf der Intensivstation liegt und dort mit dem Tod ringt.

Der ZVK ist gewissermaßen meine Nabelschnur und meine Leine. Denn außerhalb meines Körpers verjüngen sich die drei Plastiklaschen und führen in einen etwa vier Meter langen Strunk, der wiederum mit der unaufhörlich piepsenden und summenden und ratternden Infusionsmaschine neben meinem Bett verbunden ist. Vier Meter weit also kann ich mich von der Maschine entfernen. Wenn ich es überhaupt schaffe, aufzustehen.

Zwei Meter sind es bis zur Fensterbank, die ich zu einem kleinen Bücherregal umfunktioniert habe: *Der König aller Krankheiten*, ein Buch über den Krebs, steht da. Daneben das neue Buch von Hillary Clinton, das sie mir zusammen mit einer herzlichen Widmung geschickt hat. Und *1913*, das Buch, in dem ich schon so lange nicht mehr gelesen habe.

Ungefähr drei Meter sind es bis zu einem Beistelltisch aus hellem, kaum gemasertem Birkenholz. Ein Foto steht da. Es zeigt Michael und mich an der Uferpromenade von Portixol in Palma de Mallorca und stammt vom Neujahrsmorgen dieses Jahres, als wir dort beim Joggen waren. Wir hatten uns die Sonnenbrillen ins Haar gesteckt und in die Kamera meines Handys gelacht. So unbeschwert, wie man eben lacht, wenn man nicht unentwegt darüber nachdenkt, was einem im Leben alles plötzlich widerfahren kann.

Neben dem Foto liegen zwei Plastikperlen, die mir ein Kind geschickt hat, um mich aufzuheitern, sowie mein iPad, das mir zum tragbaren Fenster in die Welt da draußen geworden ist. Im Schrank dahinter meine Schlaf- und Jogginganzüge. Viel mehr sollte ich nicht mit auf die Station bringen.

»Aus Gründen der Hygiene und Desinfektion«, wie mir die leitende Schwester der KMT-Station beim Einchecken erklärte.

Etwa dreieinhalb Meter sind es bis zum Eingang des kleinen Waschraums am rechten Fußende meines Bettes. Um einigermaßen normal auf die Toilette gehen und zumindest die Tür hinter mir anlehnen zu können, habe ich mir angewöhnt, meine Leine zuvor um einen Garderobenhaken zu wickeln.

Normalerweise befreien mich die Pfleger zweimal pro Tag für kurze Zeit von der Leine. Zumindest an Tagen ohne Fieber und Schüttelfrost, an Tagen mit ein bisschen Kraft in meinen Beinen. Dann gehe ich auf dem Gang der Station auf und ab. Oder ich mache im Aufenthaltsraum ein paar Übungen mit dem Bewegungstherapeuten und den anderen Patienten, die es geschafft haben, sich aus ihren Betten zu zwingen.

Vorgestern zum Beispiel waren wir zu dritt: Claudia, eine Apothekerin aus Düsseldorf, der Therapeut und ich. Unsere Hände steckten in blauen Plastikhandschuhen, und über unseren Gesichtern spannte sich der Mundschutz. Wir hoben und senkten abwechselnd unsere Arme. Danach setzten wir uns auf die bunten Stühle und taten so, als würden wir im Sitzen laufen. Nach ein paar Minuten konnte ich nicht mehr. Obwohl ich nur mit meinen Armen ein wenig durch die Luft gerudert hatte, fühlte ich mich um hundert Jahre gealtert.

Die Leine ist jetzt ab. Ich liege flach auf der Matratze, geschützt von der Bettdecke über mir und dem bläulichen Gewebe vor meinem Mund und meiner Nase. Wir rollen über den Gang bis zum Eingang der Schleuse. Die Plastiksohlen der Pfleger quietschen auf dem Linoleumboden. Claudia winkt zu mir herüber. Sie weiß, wohin sie mich jetzt bringen. Ich sehe, wie sie den Daumen ihrer rechten Hand nach oben und die Hand in meine Richtung streckt. Auch Claudias Gesicht ist mit einem Mundschutz verhüllt. Ich bin mir aber sicher, dass sie lächelt.

Hinter der Schleuse schieben mich die Pfleger in den Aufzug. Einer der beiden drückt auf den Knopf mit den Zahlen 02. Wir fahren hinab bis ins unterste Stockwerk der Klinik. Als die Türen sich wieder öffnen, sind wir im Keller. Kaltes Licht fällt von den Deckenleuchten auf den Betonboden. Die Wände sind mit Aluminiumplatten verkleidet. Der Lärm eines Kühlaggregats über einer Stahltür. Dahinter die Leichenkammer der Klinik.

Ich schließe meine Augen. Lichter wischen über meine Lider, und ich denke zurück an die vielen Nachtfahrten auf den Rücksitzen dunkler Regierungslimousinen. Wie ich manchmal meinen oft müden Kopf zur Seite neigte, die Augen schloss und die schemenhaften Scheinwerferlichter der entgegenkommenden Autos zählte. Bei fünf, spätestens zehn war ich meist schon eingeschlafen.

Ich öffne meine Augen. Wir rollen weiter durch den Maschinenraum der Klinik. Vorbei an einer schier endlosen Zahl von Spinden, die sich wie Zaunlatten aneinanderreihen und in denen das Pflegepersonal seine Alltagskleidung verschließt. Vorbei an der zentralen Ausgabe neuer Arztkittel, gereinigt von den Keimen und Ängsten der Patienten, frisch gewaschen für einen neuen Tag im Inneren dieser Fabrik.

»Wieso stehen hier so viele Fahrräder?«

»Wir transportieren damit die ganzen Blutprodukte im Haus herum«, sagt einer der Pfleger. »Sind ja doch verdammt lange Wege hier.«

Die Bestrahlungen finden in einem Bunker unter dem Krankenhaus statt. Meterdicke Mauern trennen die Behandlungsräume vom Rest der Klinik ab und schützen das Personal. Die Strahlung ist extrem energiereich: Sie dringt tief in den Körper des Patienten ein und zerbricht dort seine DNA-Stränge. Es kommt zum Zelltod. Apoptose nennen das die Mediziner und unterscheiden die Therapie in eine externe und eine interne Bestrahlung. Intern bedeutet: Eine winzige Nadel wird direkt in das Tumorgewebe gepflanzt und anschließend in einem komplizierten Verfahren zur Strahlung gebracht. Als extern bezeichnen die Fachleute die Bestrahlung des Tumors von außen durch die Haut.

Die Tumorzellen in meinem Körper können sich überall versteckt haben: In meinen Füßen, meinen Beinen, meiner Hüfte, meinem Oberkörper, meinen Armen, meinem Nacken, meinem Kopf. Einfach überall, wo mein krankes Blut fließt.

»Deshalb werden wir Sie nun gleich von Kopf bis Fuß bestrahlen«, erklärt mir ein älterer Arzt am Eingang des Bunkers. »Erst vier Bahnen auf dem Bauch, dann vier Bahnen auf dem Rücken.«

»Wieso Bahnen?«, frage ich ihn.

»Die Strahlung erzeugt ein Linearbeschleuniger. Dessen

Strahlenfeld, müssen Sie sich vorstellen, hat die Form eines Kegels. Der Fuß dieses Kegels aber ist zu klein, um damit Ihren gesamten Körper auf einmal abzudecken. Es sei denn, Sie lägen einige Meter entfernt. Dann wiederum wäre die Wirkung der Strahlen nicht mehr gewährleistet. Also werden wir Sie auf eine Liege legen. Und diese Liege, wir nennen sie Translationsliege, rollt ganz langsam unter dem Linearbeschleuniger hin und her. Sie wird von einem Elektromotor angetrieben.«

»Und wie lange dauert das alles?«

»Ungefähr zwanzig Minuten pro Bahn. Und Sie dürfen sich bitte nicht bewegen.«

Zwanzig Minuten. Wie lange dauern zwanzig Minuten? Mein Blick schweift durch den Raum. Ich suche eine Uhr, die vielleicht an irgendeiner Wand hängt, auf irgendeinem Rollwagen steht. Aber ich sehe nur graue Krankenhausmöbel. Eine geöffnete Pappschachtel mit blauen Plastikhandschuhen. Videokameras an den Wänden. Eine Liege am Boden. Schmal und wacklig wie ein Grat, von dem aus ich gleich in die Ungewissheit springen werde.

Die Pfleger helfen mir auf die Liege, stützen mich, als ich in die Knie gehe. Zwei Keile aus Styropor fixieren meinen Kopf. Ich lege die Arme an meine Seiten, strecke meinen Rücken durch, die Schultern, den Nacken, mache mich so lang wie möglich, drücke meinen Kopf in die Nackenschale.

»Herr Westerwelle!«

Ich höre meinen Namen aus einem Lautsprecher.

»Herr Westerwelle, wir beginnen jetzt mit der Bestrahlung.«

Wo ist der Lautsprecher? Ich darf mich nicht bewegen. Meine Augen rollen umher. Der Raum ist ganz leer. Alle Ärzte, Schwestern, Pfleger haben den Bunker inzwischen verlassen. Über mir der Kopf des Strahlengeräts. Ich blicke in ein schwarzes Loch. Davor ein Raster, ein Fadenkreuz aus dünnen grauen Linien auf einer sanft gewellten Folie. Mein Gesicht spiegelt sich darin. Ich schaue mir in die Augen. Es ist, wie es ist.

Respice finem. Bedenke das Ende.

Natürlich habe ich in den vergangenen Monaten über den Tod nachgedacht. Und das nicht nur einmal. Natürlich habe ich schon kurz nach der ersten Diagnose im Internet nachgesehen, wie hoch die Wahrscheinlichkeit ist, dass ich meine Krankheit überleben werde. Und ja, natürlich habe ich auch das nicht nur einmal gemacht, sondern unzählige Male, nach jedem einzelnen Behandlungsschritt von neuem. Sind es jetzt zehn Prozent? Oder mehr? Sterbe ich gleich oder erst innerhalb der nächsten fünf Jahre? Und falls ich auch die überlebe, wie hoch ist dann die Wahrscheinlichkeit eines Rückfalls? Und wie viel Prozent der rückfällig gewordenen Patienten sterben an ihrem Rückfall? Und wie viele überleben ihn? Wie viele dieser Überlebenden sterben dann trotzdem und innerhalb welcher Zeiträume?

Zu welcher dieser Gruppen werde ich zählen?

Irgendwann, ich glaube, es war schon auf der KMT-Station, da legte ich mein iPad zur Seite, weil ich merkte, wie ich mich selbst zu sehr verrückt machte. Wie viel Kraft die Angst mir raubte. Wie viel Lebensmut sie mir nahm. Ich wollte wieder neugierig auf das Leben sein und nicht mehr auf den Tod. Also begann ich zu lesen: *5 Dinge, die Sterbende am meisten bereuen.*

Das Buch hatte ich mir nach dem ersten Chemotherapie-Zyklus in einer Kölner Buchhandlung gekauft. Die Autorin Bronnie Ware war lange in der Welt umhergezogen, hatte als Bankangestellte in Australien und Kellnerin in der Südsee gearbeitet, bevor sie einen Job als Pflegerin auf einer Palliativstation antrat. Dort begleitete sie Menschen beim Sterben. Vor allem aber hörte sie ihnen zu, als sie ihr vom Leben erzählten. Nach acht Jahren wusste sie so viel über das Wesen des Menschseins, dass sie ein Buch über die fünf Dinge schrieb, die die meisten ihrer Patienten künftig anders machen würden, wenn sie denn nur könnten.

Du kannst es, sagte ich mir. Du hast eine Chance, all das hier zu überleben: die Chemos, das Fieber, die Infektionen, die Bestrahlung, die Stammzelltransplantation, die Abstoßungsreaktionen, die Angst. Also kämpfe! Kämpfe um dein zweites Leben! Kämpfe für mehr Zeit mit Michael! Kämpfe darum, in Zukunft ein paar Dinge anders machen zu können.

Ich höre ein Surren. Das muss der Elektromotor der Liege sein, die sich über den Boden schiebt. Ich schaue in mein Spiegelbild über mir und sehe, wie mein kahler, nackter Schädel langsam aus dem Fadenkreuz gleitet. Bloß nicht bewegen. Die Arme fest am Körper halten. Die Strahlen aufnehmen. Tief einatmen. Und wieder ausatmen.

Mit jedem Millimeter wächst die Erkenntnis der Endgültigkeit. Denn das, was gerade geschieht, was da rausstrahlt aus diesem schwarzen Loch über mir, das ist der Tod. Das ist böse, so böse wie der Krebs in mir. Das ist so anders als das, woran ich immer glaubte. Das ist Gleiches mit Gleichem, das ist Auge um Auge und Zahn um Zahn. Das ist das Böse mit dem Bösen besiegen, damit Neues wachsen und mich retten kann.

Das ist sterben, um zu leben.

Nicht den Mut gehabt zu haben, sein eigenes Leben zu leben, schreibt Bronnie Ware. Das sei eines der fünf Dinge, die Sterbende am meisten bereuen. Viel zu viel gearbeitet zu haben, eine zweite Sache. Drittens: »Ich wünschte, ich hätte den Mut gehabt, meine Gefühle auszudrücken.« Viertens: »Ich wünschte, ich hätte den Kontakt zu meinen Freunden aufrechterhalten.« Und zuletzt: »Ich wünschte, ich hätte mir erlaubt, glücklicher zu sein.«

Doch, in meinem bisherigen Leben habe ich viel Glück erfahren. Erfüllte Erlebnisse und Momente, an die ich mich gern erinnere. Darüber bin ich mir bewusst. Auch der Kontakt zu meinen Freunden ist nie abgerissen, selbst in den härtesten und anstrengendsten Phasen meines Politikerlebens. Mit einem Klassenkameraden aus meinem ersten Realschuljahr bin ich bis heute eng befreundet. Und auch während der vier Jahre im Auswärtigen Amt fanden Michael und ich trotzdem Zeit, hin und wieder unsere Freunde zu bekochen oder uns mit Ihnen auch nur auf ein Glas Wein zu treffen.

Aber welche Phase in meinem Politikerleben war eigentlich nicht anstrengend und hart? Ich habe zu viel gearbeitet. Viel zu viel. Warum? Weil ich das meiste davon leidenschaftlich und gern tat. Aber nicht ausschließlich. Sondern auch, weil ich zu dumm war. Zu dumm zu erkennen, dass man nicht lebt, um zu arbeiten, sondern arbeitet, um zu leben. Warum muss ich erst sterbenskrank auf dieser verdammten Liege liegen, um das zu begreifen? Warum erkenne ich erst an der Grenze zwischen Leben und Tod das, worum es wirklich geht?

Vielleicht aus demselben Grund, warum ich am Tag, an dem ich mein erstes juristisches Staatsexamen bestanden hatte, am Abend nicht gefeiert, sondern zu einer Parteiveranstaltung gegangen bin. Ein FDP-Kollege hatte mich darum gebeten. Und ich habe Ja gesagt. Wie immer. Vielleicht, weil ich zu pflichtbewusst war. Vielleicht aber auch, weil ich es brauchte: gebraucht zu werden. Weil ich mich nach der Anerkennung sehnte, die mir lange Zeit verwehrt geblieben war.

Nehmen Sie Ihr Kind vom Gymnasium, hatte man meinen Eltern empfohlen. Den Eltern, die so selten für uns Kinder da sein konnten, weil sie dauernd in ihren Rechtsanwaltskanzleien saßen. Schicken Sie den Jungen auf die Realschule. Eine Niederlage, was für eine Niederlage. Dann die Scheidung von Mutter und Vater, der Ortswechsel, die Akne. Mein Gesicht sah aus wie ein Streuselkuchen und später dann wie eine Mondlandschaft. Dick war ich damals obendrein. Und was, du magst Jungs lieber als Mädchen? Sag bloß, du bist schwul? Ja, vielleicht, wenn ich nur wüsste, was das ist: Schwulsein. Aber ich sei ja noch ein junger Mann, das rüttle sich bestimmt noch zurecht, meinte meine Mutter. Und schickte mich zum Psychologen.

Ich kämpfte, so wie ich meine Eltern immer hatte kämpfen sehen. Begann, mich zu fordern und zu überfordern. Wurde vom Saisonarbeiter zu einem Besessenen. Und hatte damit Erfolg: Die Rückkehr auf das Gymnasium. Die Schülerzeitung mit dem bezeichnenden Namen *Ventil.* Die erste Liebe. Die Politik. Die Anerkennung. Du musst besser als die andern sein, dann kann dir keiner was.

Warum steigt man auf einen Berg? Weil er da ist. Warum durchquert man ein Tal? Um wieder auf einen Berg zu gelangen. Und wenn ich mir manchmal nicht ganz sicher war, dann war ich forsch. Oft zu forsch. Weil ich oft unsicher war.

An Mut fehlte es mir selten, mutig war ich eigentlich immer. Aber nicht, wenn es darum ging, meine Gefühle auszudrücken. Gewiss, ich hatte den Mut, mich als Siebzehnjähriger bei der Musterung vor die Kommission zu stellen und zu sagen: »Meine Herren, Sie sollten wissen, ich bin homosexuell.« Die irritierten Herren musterten mich aus und attestierten mir eine »Leistungsfunktionsstörung«. Was auch immer sie damit gemeint haben mögen, ich nahm es mit Humor. Jeder Jeck is anders. Und mancher auch andersrum. Den Mut aber, anderen zu offenbaren, wen ich liebe, nämlich einen Mann, den konnte ich lange Zeit nicht aufbringen. Und das nicht nur, weil es keinen konkreten Anlass dazu gab, also keinen festen Partner. Nein, auch weil ich niemals und niemandem einen so tiefen Blick in meine Seele gewähren wollte. Vielleicht nicht einmal mir selbst.

Viele Jahre ist es her, ich war schon einige Jahre lang Parteivorsitzender der Liberalen, da kam Hans-Dietrich Genscher in mein Büro, zog die Tür hinter sich zu und setzte sich vor den Schreibtisch.

»Sie machen Ihre Sache bisher ausgezeichnet.« Aber nun sei es an der Zeit, den Menschen zu erklären, warum ich die Dinge fordere, die ich fordere. »Lassen Sie die Leute an Ihrem Leben teilhaben«, riet mir Genscher.

Ich konnte es nicht. Denn ich hatte es nie gelernt. Über Gefühle sprach man nicht in meinem Elternhaus. Zumindest kann ich mich nicht daran erinnern.

Wie lange dauern zwanzig Minuten? Ich starre an die Decke. Jeden Moment wird es wieder klacken, die Liege kurz verharren und sich dann zurück in die andere Richtung schieben. Ich werde weiter dem Summen des Elektromotors lauschen und warten, bis mein Gesicht erneut Stück für Stück unter das schwarze Loch des Strahlerkopfes rückt. Erst die Stirn, die Augen, der Mund und dann das Kinn. Vier Bahnen, hatte der Arzt gesagt. Vier auf dem Rücken und vier auf dem Bauch.

Wie lange dauert das noch?

Niemand antwortet. Ich bin alleine. Alleine mit meinen Erinnerungen. Alleine mit einem Körper, dessen Zellstränge der Strahler über mir gerade zerhäckselt. Ich rieche nichts, ich spüre nichts. Aber ich weiß, dass in mir gerade etwas stirbt.

Mein letzter Wille ist mein Wille, das hier zu überleben. Ich will Michael und meine Freunde nicht verlieren. Ich will wieder zurück in unser Haus auf Mallorca, meinen Kopf in den Rosmarinstrauch an der Mauer vor dem Eingangstor stecken. Und vielleicht will ich auch irgendwann einmal den Menschen kennenlernen, aus dessen Adern sie übermorgen Blut mit Stammzellen entnehmen, es hierher ins Krankenhaus bringen und mir anschließend in meinen Körper fließen lassen. Mein neues Leben. Meine große Chance. Hoffentlich überlegt er es sich nicht noch mal. Ab jetzt wäre ich verloren.

Wie lange dauern zwanzig Minuten?

Der Opernsänger José Carreras schreibt in seiner Biographie, dass er während der Bestrahlungen vor seiner Knochenmarktransplantation zu singen begann: erst die Arien aus *La Bohème* und *Aida*, später dann auch Passagen aus Puccinis *Turandot* und *Tosca*. Nur so sei es ihm gelungen, sich ein Gefühl für die Zeit zu erhalten. Er wusste, dass spätestens an der Stelle, wo der schöne Maler Cavaradossi im dritten und letzten Akt der Tosca von einer Kugel getroffen wird und stirbt, auch seine Tortur vorüber sein wird.

Als mich Carreras vor einigen Wochen in unserer Kölner Wohnung besuchte, um mir Mut für die zweite Phase der Behandlung zuzusprechen, da fragte ich ihn am Ende unseres Gesprächs, ob er damals, während seiner Bestrahlungen, wirklich gesungen habe. Er lachte, weil er sich freute, dass ich offensichtlich sein Buch gelesen hatte.

»Ja«, sagte er. »Aber nicht laut, sondern ganz leise.«

Mit jeder neuen Bahn, so kommt es mir vor, tauche ich immer tiefer in mein sich neigendes Leben hinab. Ich denke daran, wie Michael und ich wenige Tage nach dem Besuch von José Carreras nach Sylt aufbrachen. Wie ich am letzten Tag der Kur in die Nordsee sprang und eine kalte Welle mir den Boden unter den Füßen wegzog. Wie unter Wasser tausend kleine Bläschen an die Oberfläche zogen. Wie ich mir auf einmal vorstellte, dass unser Leben womöglich nichts anderes als eine dieser Blasen ist, in denen sich das Licht bricht, die steigen und so plötzlich platzen, wie sie zuvor entstanden sind. Wie ich sah, dass es ganz hell war und das Salz des Nordseewassers meine Augen spülte. Wie ich hörte, dass es gluckste, es aber ansonsten fast lautlos war und nur der Druck auf meinen Lungenflügeln mich daran erinnerte: Auftauchen, du musst auftauchen!

Ich schoss nach oben, so weit, wie ich konnte, holte Luft, so viel Luft, wie ich konnte, und wollte die ganze Schönheit der Welt und das Glück dieses Augenblicks einatmen und nie wieder hergeben.

3

Ende einer Amtszeit

Berlin, am 17. Dezember 2013

Die Tage nach meiner Rückkehr aus Kiew vergingen wie im Flug. Ich absolvierte meine letzten Termine im Amt des Außenministers, ich tröstete die vielen Mitarbeiter der FDP-Fraktion, die durch das Ausscheiden der Partei aus dem Deutschen Bundestag unversehens vor einem Trümmerhaufen standen und oft nicht wussten, wie es nun weitergehen sollte. Auch Michael und ich sprachen häufig über die Zeit, die nun vor uns lag. Und keineswegs war ich immer voller Tatendrang und Vorfreude auf das, was kommen sollte. Im Gegenteil: Das plötzliche Aus der FDP hatte mich schockiert, und es dauerte einige Zeit, bis ich das ganze Ausmaß dieses Wahldebakels begriff.

Dabei war die Katastrophe durchaus absehbar gewesen. Ich bekleidete zwar kein Parteiamt mehr, aber meinen Instinkt für das politische Geschehen in unserem Land hatte ich deshalb natürlich nicht verloren. Dieser Instinkt sagte mir ungefähr zwei Wochen vor der Bundestagswahl am 22. September 2013: Leute, das wird verdammt eng. Immer wieder mahnte ich, die Wahlkampfstrategie zu überdenken und die Möglichkeit eines Strauchelns an der Fünfprozenthürde ernsthaft in Betracht zu ziehen.

Das Votum der Wähler war für meine Partei dramatisch: Mit 4,8 Prozent erzielte die FDP das schlechteste Bundestagswahlergebnis in ihrer Geschichte. Im Vergleich zur letzten Bundestagswahl, innerhalb von nur vier Jahren, hatten wir fast zehn Prozent der Stimmen verloren. Viel schlimmer aber: Die Fraktion schied tatsächlich erstmals aus dem Deutschen Bundestag aus. Dabei fielen die Abgeordneten und Minister meiner Partei ja vergleichsweise weich. Ganz anders ging es den vielen Mitarbeitern der Fraktion: Sie hatten keinen Anspruch auf Übergangsgelder, ihnen winkten keine Beratungsmandate, sie knallten mit der ganzen Wucht dieses Schlages auf den Boden der Tatsachen.

Vorbei. Ende. Arbeitslos.

Am Abend unserer verheerenden Niederlage saß ich mit einigen Freunden und Weggefährten in der Taverne von Costas Cassambalis an der Grolmanstraße im Berliner Bezirk Charlottenburg. Ich hatte einen langen Tisch reserviert, und im Laufe der Nacht strömten immer mehr geschockte Parteifreunde herbei. Der Alkohol floss – und irgendwann auch die Tränen. Es war schon weit nach Mitternacht, als ich am Tisch saß und weinte. Ich weinte aus Erschöpfung und aus Mitgefühl, ich weinte um das, was ich in so vielen langen Jahren aufgebaut hatte und was nun unwiederbringlich vorbei zu sein schien.

Die Koalitionsverhandlungen versetzten das politische Berlin in einen Schwebezustand. Obwohl längst klar war, dass es zu einer Neuauflage der Großen Koalition kommen würde, pokerten alle drei Parteien noch um die Details ihres Regierungsprogramms, um Posten und Positionen.

Ich hatte mich gedanklich längst auf den Verlust meines Ministeramtes vorbereitet. Selbstverständlich hätte ich gern weiter Verantwortung übernommen und noch eine oder auch zwei weitere Legislaturperioden als Außenminister der Regierung angehört. Die Arbeit bereitete mir Freude, und nach einem ersten holprigen Jahr, in dem ich zu lange gebraucht hatte, um mich vom Oppositionsführer zum Außenminister zu entwickeln, stieß meine Politik der militärischen Zurückhaltung inzwischen sowohl im Inland als auch im Ausland auf große Zustimmung. Selbst die angeblich drohende diplomatische Isolation der Bundesrepublik infolge unserer Enthaltung bei der Abstimmung zur Libyen-Resolution hatte sich als Schimäre entpuppt.

Es war wie so häufig im Leben: Mit zunehmendem Erfolg kam die Freude an der Arbeit und mit der Freude noch mehr Erfolg. Deshalb auch hatte ich nicht um den Verbleib an der Parteispitze, wohl aber um das Amt des Außenministers gekämpft. Denn auch das wollten mir einige Parteikollegen streitig machen. Zum Beispiel während einer Klausurtagung der FDP in Bensberg, wenige Monate nach dem Wechsel in der Parteiführung.

Wie die *Rheinische Post* später berichtete, hatten sich bereits am Vorabend der Veranstaltung einige Mitglieder der neuen Parteispitze an der Hotelbar getroffen. Angeblich diskutierten sie heftig. Ihre Uneinigkeit jedoch mag ein Grund dafür gewesen sein, dass der nachfolgende Angriff auf mich scheiterte. Ein anderer Grund dürfte meine noch immer solide Popularität in der Partei gewesen sein: Diejenigen, die mich da attackierten, hatten offenbar übersehen, dass anderen Abgeordneten Freundschaft und Loyalität genauso wenig egal waren wie ihr FDP-Kollege an der Spitze des Auswärtigen Amtes.

»Das wäre doch schade, wenn deine Kenntnisse verpuffen würden und keiner mehr etwas davon hat«, sagte mein Freund Ralph Dommermuth, als wir an einem Abend nach der Bundestagswahl an der Bar eines Berliner Hotels saßen und über die Zukunft diskutierten.

»Ich denke ja selbst seit einiger Zeit darüber nach, aber …«

»Nichts aber. Lass uns eine Stiftung gründen. Eine Stiftung, die in anderen Ländern genau die Strukturen fördert, von denen wir in Deutschland so profitieren.«

Und so kam es: Ralph und ich brachten je zur Hälfte das Stiftungskapital ein. Anschließend spendete Ralph, der mit der Gründung seines Unternehmens »United Internet« zu beträchtlichem Wohlstand gekommen war, eine ziemlich hohe Summe, um der neuen Stiftung ihre ersten Schritte zu ermöglichen: Personal einstellen, Büroräume mieten und Programme entwickeln. Unser erklärtes Ziel: den Aufbau mittelständischer Strukturen in Umbruchgesellschaften auf der ganzen Welt zu fördern. Mit Kontakten, mit Beratung und einem Stipendienprogramm. Zunächst vor allem in den nordafrikanischen Maghreb-Staaten, wo gerade ganze Gesellschaften vor dem Kollaps stehen und dringend Hilfe benötigen.

Die Adventszeit schritt voran. Und die Koalitionsverhandlungen ebenfalls. Es war absehbar, dass wir noch vor dem Weihnachtsfest eine neue Regierung haben würden, und ich plante meine letzten Tage im Auswärtigen Amt und in der Politik. Ein merkwürdiges Gefühl, denn so viele Jahre lebte und atmete ich Politik. Seit dem achtzehnten Lebensjahr war sie mein Elixier, und lange Zeit hätte ich mir ein Leben abseits des politischen Geschäfts zwar vorstellen können, aber nicht vorstellen wollen: Ich liebte die Politik, und ich war glücklich über die Momente, in denen diese Liebe erwidert wurde. Und damit sollte nun Schluss sein?

»Sei doch froh«, sagte Michael, als wir an einem Dezemberabend beim Abendessen saßen. »Denk doch mal an all die Momente, in denen es dich gestresst und genervt hat. Die anstrengenden Wahlkämpfe, die ermüdenden Intrigen in der Partei. Du bist gerade mal Anfang fünfzig und hast die Chance zu einem Neuanfang. Wer hat das denn schon?«

Er hatte ja recht: Zahlreiche Anfragen lagen auf meinem Tisch. Hier eine Rede, dort ein Gremium, da ein Beratungsmandat. Aber all das wollte ich nicht. Zumindest nicht jetzt. Ich wollte erst einmal frei sein, niemandem mehr Rechenschaft schuldig sein. Nicht dem Wähler, keinem Klienten und auch keinen Aktionären. Jahrzehntelang habe ich über den Freiheitsbegriff gesprochen. Nun war es an der Zeit, mir über meine eigene Vorstellung von Freiheit Gedanken zu machen und diese auch umzusetzen.

Ich wollte lernen, was es heißt, in den Tag hinein zu leben. Nicht mehr nachts mit Gedanken an ungelöste Probleme ins Bett zu gehen und anderntags frühmorgens mit denselben Gedanken wieder aufzustehen. Ich wollte lernen loszulassen. Ich wollte die Normalität kennenlernen, denn mein bisheriges Leben war ein Leben im Ausnahmezustand. Ich wollte Körper, Geist und Seele reparieren und herausfinden, wie ich künftig leben will. Jetzt, da ich die Zeit dafür haben würde und finanziell abgesichert war, auch weil ich immer vernünftig gelebt habe und mir sicher war, als Redner und Ratgeber künftig genügend Aufträge zu haben.

Eine Auszeit, endlich eine Auszeit. In Ruhe die Stiftung aufbauen und dann weitersehen. »Et kütt, wie et kütt«, es kommt, wie es kommt. Wie oft hatte ich diese rheinische Weisheit bei Veranstaltungen zitiert? Jetzt war die Zeit gekommen, diese Weisheit endlich einmal selbst zu leben und nicht nur davon zu sprechen.

Vor allem aber wollte ich mehr Zeit mit Michael verbringen.

Das erste Mal liefen wir uns im Sommer 2001 beim CHIO in Aachen über den Weg, dem Weltfest des Pferdesports. Michael ist dort Geschäftsführer, und Pferde begeistern mich seit meiner Kindheit.

Eine Leidenschaft, die ich von meinem Vater geerbt habe. Jedes Wochenende fuhren wir von Bonn in den Hunsrück, wo wir einen kleinen Pferdestall besaßen. Gelände, Springen und Dressur – ich ritt, bis ich in die Politik einstieg. Danach fehlten mir die Zeit und die Muße. Als mein Vater vor einigen Jahren pflegebedürftig wurde und wenig später starb, verkauften meine Brüder und ich den Stall.

2003 trafen Michael und ich uns dann eher zufällig in Köln beim Christopher Street Day. Ich war dort mit ein paar Kumpels unterwegs, als ein alter Freund auf mich zukam und mir Michael vorstellte. Nie im Leben wäre ich auf die Idee gekommen, dass Michael schwul ist. Im Gegenteil: Ich bemitleidete ihn fast ein wenig, weil er als vermeintlich heterosexueller Mann in dieses doch sehr schwule Spektakel hineingeraten war. Noch heute amüsieren wir uns darüber, dass wir uns damals siezten und spätnachts ganz förmlich unsere Visitenkarten austauschten.

Tags darauf jedenfalls rief ich den Freund an, der uns einander vorgestellt hatte, und fragte ihn, ob es denn seiner Ansicht nach sinnvoll sei, diesen Michael Mronz mal anzurufen.

»Oh ja, sehr sogar«, antwortete er – und da wurde mir klar, dass ich mit meiner Einschätzung hinsichtlich der Leidenschaften meiner neuen Bekanntschaft womöglich mehr als danebenlag.

Michael und ich verabredeten uns in einem italienischen Restaurant in Berlin. Wir trafen uns einmal, wir wechselten zum Du, wir trafen uns ein zweites Mal. Die Gespräche wurden immer vertrauter, wir trafen uns ein drittes Mal. Das vierte Mal trafen wir uns in Barcelona, wo ich mich nach dem dramatischen Tod von Jürgen Möllemann für einige Wochen in einem Apartment einquartiert hatte, um Abstand zu gewinnen. Ich haderte mit der Politik, grübelte, ob ich überhaupt noch weitermachen wollte, befragte mich lange nach meiner eigenen Rolle und Verantwortung in dieser Tragödie. Ich war zwar grundsätzlich mit mir im Reinen, hatte keine Schuld auf mich geladen. Und doch markierte der Tod Jürgen Möllemanns einen Wendepunkt in meinem Leben: Zum ersten Mal stellte ich die Politik als Beruf infrage, zum ersten Mal erkannte ich die Gefahr des Sogs, den sie auf Menschen ausüben kann.

Ich zweifelte damals an allem. Auch an meinen eigenen Gefühlen. Michael hingegen, der sich sicher war, ignorierte meine anfängliche Scheu. Er schenkte mir das, was ich einige Jahre zuvor bei der Beantwortung des Proust'schen Fragebogens in der *Frankfurter Allgemeinen Zeitung* noch mit Worten herbeigesehnt hatte.

»Was ist Ihr Traum vom Glück?«

»Erwiderte Liebe.«

Sieben Jahre später, am 17. September 2010, heirateten wir.

Kurz vor meinem letzten Arbeitstag im Auswärtigen Amt gab ich noch einige Interviews und zog darin das Fazit meiner politischen Laufbahn. Ich sprach über mein Buch *Neuland*, in dem ich 1998 weitreichende Reformen für Deutschland gefordert hatte. Und ich sprach darüber, was aus diesen Zielen fünfzehn Jahre später geworden ist.

Aber ich stand auch zu meinen Fehlern: mit Prozentzahlen bemalte Schuhe etwa oder mein überflüssiger Spruch von der »spätrömischen Dekadenz«. Niemals wollte ich damit Sozialhilfeempfänger beleidigen. Vor allem aber hätte ich mich sofort entschuldigen müssen, als sich abzeichnete, dass dieser Satz falsch verstanden werden würde. Die generelle Einsicht jedoch, dass ich andere mit Worten nicht verletzen sollte, dass Gelassenheit und Güte keine Indizien für Schwäche sind, die fehlte mir auch damals noch.

Acht Tage vor Weihnachten brach ich frühmorgens zu meinem letzten Termin auf: In Brüssel trafen sich die Außenminister der EU-Länder. Auf der Tagesordnung standen der Friedensprozess im Nahen Osten sowie das iranische Atomprogramm. Und natürlich die sich zuspitzende Lage in der Ukraine: Die russische Seite tat wenig, um zur Entspannung der Situation beizutragen. Stattdessen gab die Staatsduma in Moskau am selben Tag, als ich von Berlin nach Brüssel reiste, eine Erklärung ab, in der sie westlichen Politikern vorwarf, sich in die inneren Angelegenheiten der Ukraine einzumischen. Gemeint waren einige europäische Außenminister, die amerikanische Diplomatin Victoria Nuland und vor allem ich und mein Besuch auf dem Maidan. Dort vollziehe sich, so hieß es in dem Papier, gerade ein »Staatsstreich« – unterstützt von einer »antirussischen Allianz«, also der Europäischen Union.

Das Ministertreffen in Brüssel war insofern von besonderer Bedeutung, als zu dem gemeinsamen Mittagessen auch ein besonderer Gast geladen war: Sergej Lawrow, seit einem Jahrzehnt Außenminister der Russischen Föderation. Lawrow und ich kannten uns schon lange. Bis auf sehr wenige Ausnahmen kamen wir meist gut miteinander klar: Wir respektierten uns gegenseitig und redeten auch in Abwesenheit des jeweils anderen nicht schlecht voneinander.

An diesem Tag jedoch war Lawrow auf Krawall gebürstet: Seine Rede war unnötig aggressiv, und er selbst wirkte auf mich und die meisten meiner Kollegen fahrig und unkonzentriert. Immer wieder beklagte er den angeblichen Kulturverlust des Westens und nannte als Beispiel für sein Lamento unsere Liberalität gegenüber gleichgeschlechtlicher Liebe.

Ich wollte und konnte diesen reaktionären Schwachsinn nicht unkommentiert lassen. Am Ende von Lawrows Rede meldete ich mich zu Wort. Ich bedankte mich für seine Ausführungen und wandte mich dann meinen europäischen Ministerkollegen zu.

»Ihr wisst, es ist mein letzter Tag. Deshalb möchte ich mich zunächst bei euch für die gute Zusammenarbeit und das freundliche Miteinander bedanken.«

Die Runde klopfte.

»Vor allem aber möchte ich kurz auf die Ausführungen unseres russischen Kollegen eingehen.« Ich drehte mich jetzt zu Lawrow. »Lieber Sergej, sei dir versichert: Es wird der Tag kommen, an dem auf einer Tagung so vieler ehrenwerter Männer und Frauen die Ablehnung von Schwulenparaden nicht mehr als ein Beispiel taugen wird, um seinen eigenen Argumenten gegen eine liberale Politik Nachdruck zu verleihen.«

Die Runde klatschte.

Der Morgen des 17. Dezember, nur noch sieben Tage bis Weihnachten: Ich zog einen dunklen Anzug an und band mir eine blaue Krawatte um. Dann machte ich mich ein letztes Mal auf den Weg in den Deutschen Bundestag, wo am späten Vormittag die dritte Vereidigung Angela Merkels zur Bundeskanzlerin stattfinden sollte. Wie alle anderen FDP-Politiker auch, hatte ich mein Mandat verloren, aber nicht mein Interesse, diesem verfassungspolitisch so bedeutsamen Ereignis beizuwohnen. Also suchte ich mir einen Platz auf der Besuchertribüne.

Angela Merkel schmunzelte erstaunt, als sie mich nach einer Weile da oben sitzen sah. Sie tippte auf die Tastatur ihres Mobiltelefons. Kurz danach leuchtete mein Handy auf: *Neue Nachricht AM*.

Ich öffnete ihre SMS.

Sie schrieb mir, ich möge doch in ihr Büro rüberkommen, wenn die Vereidigung vorbei sei.

Es war eine kleine Gruppe, die sich anschließend im Kanzlerinnenbüro im Deutschen Bundestag zusammenfand und auf ihre dritte Amtszeit anstieß: Angela Merkels Mutter sowie einige ihrer langjährigen Freunde und Vertrauten. Die Stimmung war heiter, aber nicht ausgelassen. Zu lang waren die Schatten jener Themen, die uns während der vergangenen Jahre so intensiv beschäftigt hatten: Der Arabische Frühling und dessen dramatische Folgen, die sich bereits am Horizont ankündigten. Natürlich die Euro-Krise. Die schier unfassbare nukleare Katastrophe infolge des Erdbebens in Japan und die daraus resultierende Energiewende bei uns in Deutschland. Was waren das doch für ereignisreiche vier Jahre!

Am frühen Nachmittag machte ich mich auf den kurzen Weg hinüber ins Auswärtige Amt. Im Weltsaal des Ministeriums sollte es zu einer Art Déjà-vu-Erlebnis kommen: Vor vier Jahren hatte der damalige Außenminister Frank-Walter Steinmeier den Stab an mich übergeben, heute war es umgekehrt. Wieder war der Saal zum Bersten voll. Ich hielt eine etwas zu lange Rede, in der ich nicht nur nochmals auf das Credo meiner Politik verwies, sondern mich vor allem bei den so enorm professionell und präzise arbeitenden Kollegen des Auswärtigen Amtes bedankte. Und ja, ich gebe zu, dass mich deren lang anhaltender Applaus sehr freute. Denn ihr Klatschen hatte etwas sehr Versöhnliches nach meinem nicht immer leichten ersten Jahr im Amt.

Steinmeier begleitete mich noch zum Ausgang, wo wir uns freundlich voneinander verabschiedeten. Anschließend ging ich die Stufen des Ministerflügels hinab. Unten im Protokollhof wartete schon mein langjähriger Fahrer. Ich stieg in den Wagen und sprach bis zu unserer Ankunft am Berliner Flughafen Tegel kaum ein Wort. Dann verabschiedete ich mich auch von ihm. Es fällt mir schwer, die vielen gemeinsamen Erlebnisse, an die ich mich dabei erinnerte, zu beschreiben. Hunderttausende Kilometer waren wir in all den Jahren gemeinsam auf Deutschlands Straßen unterwegs gewesen. Tag und Nacht. Sommer und Winter. Glücklich und traurig.

Hier nun sollten sich unsere Wege trennen. Er fuhr zurück in die Stadt, ich ging, wie alle anderen Passagiere auch, durch die Sicherheitskontrolle und wartete auf meinen Flug nach Köln.

4

Das Glück ist eine Insel

Palma de Mallorca, 18. Dezember 2013

Keine zwanzig Stunden später saß ich erneut in der Abflughalle eines Flughafens. Diesmal wartete ich vormittags in Köln auf den Abflug meiner Maschine. Ich schmunzelte bei dem Gedanken, gleich wieder in einem Flugzeug zu sitzen: Hatte ich mir nicht fest vorgenommen, loszulassen? Wollte ich nicht lernen, mein Leben künftig etwas gelassener und entspannter anzugehen? Ja, das stimmte schon. Aber dieser Flug war etwas anderes. Dieses Flugzeug startete in Richtung Mallorca, und in Mallorca sollte Ruhe einkehren.

Ich hatte es deshalb kaum erwarten können und bereits für den Tag nach der Amtsübergabe eine Maschine auf die Insel gebucht. Ursprünglich wollte ich ja direkt von Berlin nach Palma fliegen, dann aber schlug Michael vor, noch ein paar Freunde in unserer Kölner Wohnung zum Abendessen einzuladen. Seine Idee empfand ich insofern als besonders charmant, weil wir vor vier Jahren dieselben Freunde am Abend vor meinem Dienstbeginn als Außenminister in Berlin bekocht hatten. Nun also saßen wir in gleicher Runde erneut beisammen, warfen den Grill auf unserer Terrasse an, entkorkten eine Flasche Wein und stießen an. Auf das, was hinter uns lag. Und auf das, was kommen sollte.

»Auf das Leben!«, rief einer unserer Freunde und hielt sein Glas in die Luft.

Michael legte seinen Arm um meine Schultern.

»Auf uns, Guido. Auf die Zeit, die vor uns liegt.«

Wir blickten uns fest in die Augen, ich sah auf den kleinen runden Fleck neben Michaels linker Pupille, diesen Fleck, in den ich mich schon während unser ersten Verabredungen verliebt hatte, und wahrscheinlich dachten wir in diesem Moment beide an die bevorstehenden Weihnachtstage in unserem Haus auf der Insel. Nur wir zwei, ganz allein mit uns und dem Glück, endlich mehr Zeit füreinander zu haben. An die Möglichkeit, dass bald ein ganz anderes, ein monströses Schicksal in unser Leben treten würde, dachten wir jedenfalls nicht.

Ich kaufte mir noch ein paar Tageszeitungen, um darin die Berichte über den gestrigen Tag in Berlin nachzulesen, und schlenderte dann zurück zum Eingang, wo das Boarding bereits begonnen hatte. Ich reihte mich ein in die lange Schlange der Wartenden und begann zu lesen.

Erstaunlich, wie unterschiedlich doch die Schilderungen ein und desselben Ereignisses ausfallen können: Beinahe schien es, als berichteten die Reporter der diversen Zeitungen von völlig verschiedenen Veranstaltungen. Insgesamt jedoch war ich erstaunt, wie positiv die Reaktionen auf meine außenpolitische Hinterlassenschaft ausfielen und wie genau manche Medien inzwischen die eigentlichen Gründe für das Debakel der Liberalen identifizierten.

Wir waren noch keine Stunde in der Luft, da verteilte sich im Flugzeug der Duft von Currywurst. Ich überlegte kurz: Zum zweiten Frühstück eine Currywurst?

Komm schon, egal.

Ich bat die Stewardess, mir auch einen Teller davon zu bringen, und schaute meinen Sitznachbarn mit entschuldigender Miene an.

»Sorry, muss sein, ich hoffe, das stört Sie nicht.«

Er grinste. Dann riss ich den kleinen Beutel mit der Aufschrift »Extrascharf« auf, verstreute das rötlich körnige Gewürz aus Kardamom, Senfkörnern und Curry, stach mit einem kleinen Spieß in eine der Wurstscheiben und rührte damit das Pulver in die dickflüssige rote Sauce. Ein Tag kann auch so beginnen, dachte ich mir, steckte mir einen Bissen in den Mund, kippte den Sitz etwas nach hinten und streckte meine Beine aus. Herrlich!

Seit ich denken kann, sehne ich mich nach Mallorca. Beinahe ein halbes Jahrhundert ist es her, dass mir mein Vater das erste Mal die Insel zeigte. Da war ich noch ein kleiner Junge von fünf oder sechs Jahren. An den Vormittagen brachte er mir das Schwimmen bei, die Nachmittage verbrachten wir auf einem Gestüt im Landesinneren. Noch heute erinnere ich mich an viele Details dieser ersten Reise.

In den Jahren danach verging eigentlich kaum eine Phase meines Lebens, die ich nicht mit irgendeinem Aufenthalt in Mallorca verknüpfe. Mitte der neunziger Jahre etwa, ich war gerade zum Generalsekretär der FDP gewählt worden, verbrachte ich hier einige Wochen zusammen mit meiner Großmutter. Sie war damals Ende achtzig, ich Mitte dreißig. Abends hakte sie sich bei mir unter, und gemeinsam flanierten wir in den Speisesaal unseres Hotels. Sie genoss diesen Auftritt jedes Mal in vollen Zügen! Tagsüber spielte ich mit alten Jugendfreunden aus Bonner Tagen Volleyball am Strand, während meine Großmutter die Zeit lesend am Pool verbrachte. Das jedenfalls behauptete sie immer, wenn ich sie beim Abendessen fragte, was sie denn heute so unternommen habe. Bis mich eines Tages der Bademeister des Hotels ansprach:

»Sie müssen wirklich besser auf Ihre Großmutter aufpassen.«

»Wieso, sie sitzt am Pool und liest«, antwortete ich, aber ahnte in diesem Moment bereits, dass das vielleicht nicht stimmen würde. Und in der Tat, der Bademeister berichtete, dass meine Großmutter mir die ganze Zeit über einen Bären aufgebunden hatte: In Wirklichkeit packte sie jeden Tag, kurz nachdem ich mich von ihr nach dem Frühstück verabschiedet hatte, ihr Badezeug zusammen und ging ans Meer. Dort angekommen, sprang sie von einem Felsvorsprung ins Wasser und vergnügte sich in den Wellen. Bis sie erschöpft von dem Bademeister herausgezogen werden musste.

»Weißt du eigentlich, wie gefährlich das in deinem Alter ist?«, fragte ich sie beim Abendessen.

»Ach, Guido«, gab sie mir zurück und musterte mich dabei mit der gelassenen Weisheit, die nur Damen dieses Alters ausstrahlen: »Lieber vor Mallorca ertrunken als in einem Bett in Deutschland gestorben.«

Hier irgendwann zu leben oder zumindest einen zweiten Wohnsitz zu haben, das war immer ein Traum von mir. Natürlich hat sich die Insel im Laufe der vergangenen Jahrzehnte wahrscheinlich so dramatisch verändert wie kaum eine andere im Mittelmeer. Ich meine aber: nicht zu ihrem Nachteil. Die teilweise verfallenen Gebäude und Paläste in der Altstadt von Palma sind mit einer Liebe und Detailversessenheit restauriert worden, die ihresgleichen sucht. Das Angebot an Geschäften, aber auch an kulturellen Ereignissen ist inzwischen überwältigend. Interessante Menschen aus der ganzen Welt schauen entweder kurz auf der Insel vorbei oder verbringen hier auch oft ganze Monate. Mallorca ermöglicht seinen Gästen dabei stets den Genuss der Gegensätzlichkeiten: Rückzug und Geselligkeit. Berge und Meer. Party und Kontemplation. Fisch und Fleisch.

Als Michael und ich vor einigen Jahren in einem Vorort

oberhalb von Palma ein Haus mit Garten kauften, suchten wir hier weder das Nachtleben noch die totale Einsamkeit. Mallorca war für uns zu einem gemeinsamen Rückzugsort geworden. Ein Platz zum Ausruhen von den Strapazen des Alltags. Ein Platz zum Lesen und zum Laufen, zum Einkaufen und Schlendern auf den Märkten, zum gemeinsamen Kochen, zum Essen und Trinken. Ein Platz zum Verweilen an den Küsten, zum Staunen, wenn die untergehende Sonne den Horizont zum Glühen bringt. Ein Platz, um Freunde einzuladen und von Freunden eingeladen zu werden. Ein Platz, um zuzuhören, nicht unbedingt ein Platz, um dort Gehör zu finden.

Schnell erreichbar und unkompliziert: Die Insel ließ sich leicht mit dem komplexen Geflecht unseres Alltags verweben. Michael, der Geschäftsführer und Unternehmer; ich, der Politiker. Beide unentwegt auf Achse, beide stets erreichbar, beide oft übermüdet. Und beide nicht selten voller Sehnsucht nach dem Gegenteil.

Kein Wunder, dass sich Mallorca rasch zum Nest unserer Beziehung entwickelte. Kurz nachdem wir das Haus gekauft hatten, buchte ich bei einer örtlichen Lehrerin einen Kurs, um endlich besser Spanisch sprechen lernen. Irgendwann jedoch gab ich auf. Mir fehlte schlicht die Zeit. Jetzt aber, nahm ich mir vor, könnte ich das eigentlich wieder anpacken. Zeit hatte ich ja nun genug.

Nach ungefähr einer Flugstunde passierten wir irgendwo in der Luft über Südfrankreich die Küste. Nun dauerte es nicht mehr lange bis zum Anflug auf Mallorca. Ich bestellte mir noch ein Glas Tomatensaft, den ich wie so viele andere auch merkwürdigerweise fast ausschließlich im Flugzeug bestelle. Wenig später leuchteten die Anschnallzeichen auf, und in der

Ferne erkannte ich eine graue Landzunge, die aus dem blauen Dunst über dem Meer auftauchte.

Bald schaute ich auf die schroffen Felsformationen des Cap Formentor und das weiße Kräuseln der Wasseroberfläche in der Bucht von Alcúdia. Aus der Höhe betrachtet sah es aus wie Wollfäden, vom Wind über das Meer getrieben. Ich erkannte Valdemossa, eingebettet in das Bergland des mallorquinischen Westens. Wir schwebten über braune Erdfalten, das Land schob sich nun immer näher zu uns heran. Die vielen türkisfarbenen Flecken, die wie am Boden verstreut liegende Spielkarten ausgesehen hatten, entpuppten sich aus der Nähe als Schwimmbäder und die grünen Punkte als Olivenbäume. Das Flugzeug fuhr das Fahrwerk aus.

Wir landeten.

Häuser und Bäume sausten an uns vorbei, erst schnell, dann immer langsamer und noch langsamer, bis endlich alles stillstand. Das Flugzeug, die Landschaft, ich selbst.

Ich packte meine Sachen zusammen, warf den Stapel Zeitungen in einen Müllsack am Ausgang der Maschine und spürte, wie mich bereits dort die warme und weiche Luft der Balearen umfing. Als ich aus der dunklen Ankunftshalle des Flughafens ins Freie trat, war ich für einen Moment wie geblendet: Der Himmel, die Gebäude, die Busse, ja sogar die Gesichter der Wartenden – alles schien in ein freundlich helles Licht getaucht zu sein. Ich zog meine Sonnenbrille hervor und setzte mich in ein Taxi.

»Buenos días! A la Mercat Municipal por favor.«

Normalerweise nahm ich immer die Umgehungsstraße, um zu unserem Haus zu gelangen. Der Weg durch Palma dauerte meist deutlich länger. Heute aber war kein normaler Tag. Heute war der erste Tag nach über dreißig Jahren Politik, und mein neues Leben hatte gerade erst begonnen.

Ich bat den Fahrer, mich nach Palma zu bringen, direkt zum Markt von Santa Catalina, einem entzückenden Viertel mit vielen kleinen Cafés und Restaurants am Rande der Altstadt. Dort wollte ich Obst, Gemüse, Fisch und Fleisch einkaufen, denn in ein paar Tagen würde auch Michael anreisen.

Wir waren spät dran, der Markt schließt gewöhnlich am frühen Nachmittag.

»Schaffen wir es noch?«, fragte ich den Taxifahrer in meinem mühsamen Spanisch. Er drehte sich zu mir um und nickte.

»Todo estará bien!«

Ich mochte den Ausdruck, denn er spiegelte meinen Seelenzustand wider: Alles wird gut!

Kaum hatten wir das Flughafengelände hinter uns gelassen, machte die Straße einen weiten Bogen nach links und mündete dann auf eine Autobahn, die uns nah an das Zentrum von Palma führte. Oleanderbüsche säumten den Weg dorthin. Ihre Äste mit den spitzen, dunkelgrünen Blättern schlugen im Fahrtwind der vorbeirauschenden Autos wild umher. Sie trugen keine Blüten um diese Jahreszeit, aber ich wusste, dass es nicht mehr lange dauern würde, bis das Frühjahr sie wieder weiß und rosa leuchten ließ.

»Mallorca ist Poesie und Licht«, notierte vor langer Zeit der Maler Joan Miró. Er lebte fast dreißig Jahre hier, und womöglich dachte er beim Schreiben dieses Satzes auch an den Augenblick, wenn man, aus dem Landesinneren kommend, das erste Mal das Meer in der Bucht von Palma glitzern sieht. Was für ein Anblick: direkt vor mir das Wasser, rechts »La Seu«, die Kathedrale, gotischer Stolz, der wie ein Eckzahn an der Uferpromenade thront.

Ich öffnete das Fenster. Unten, am Hafen, erinnerte mich der heranwehende Geruch von frittiertem Tintenfisch daran, dass ich seit der Currywurst im Flieger nichts mehr gegessen hatte. Mein Magen knurrte, und ich nahm mir vor, nach meiner Ankunft eine Kleinigkeit zu essen und erst anschließend und vor allem satt auf den Markt zu gehen. Sonst, so befürchtete ich, würde ich sicher wieder viel zu viel einkaufen.

Als wir in Höhe des königlichen Yachtclubs rechts am Feixina Park in Richtung Innenstadt abbogen, drang das Klimpern der Leinen an mein Ohr, die an die Masten Hunderter vertäuter Segelboote schlugen. Autos hupten, der Motor eines Rollers heulte auf. Die ganze wunderbare Klangkulisse einer Hafenstadt im Süden Europas.

Mercat Municipal. Schon von weitem sah ich das große grüne Schild am Eingang des Marktes. Über die Stände wölbt sich das Wellblech eines riesigen Daches. Das Licht im Innern der Markthalle ist kalt und diffus. Ich zahlte das Taxi und tauchte ein in eine Welt voller Gerüche und Farben. Natürlich kaufte ich sofort ein. Ich wollte nicht riskieren, dass die Händler ihre Auslagen vielleicht schon abgeräumt haben könnten, wenn ich erst mit dem Essen fertig war. Und ja, wie befürchtet kaufte ich viel zu viel ein, sodass Michael, als er zwei Tage später in unseren Kühlschrank sah, mich fragte, ob ich beabsichtige, die gesamte Nachbarschaft einzuladen.

Auf zu Crespí, der Gewürze wegen. Bei Maria das Obst. Bei Vicente ein Hühnchen, oder sicherheitshalber lieber gleich zwei. Und eine Gans für Weihnachten. Plötzlich bildete ich mir ein, unbedingt eine Gans zu brauchen, bekam aber nirgends eine. Bei Antonia kaufte ich Fisch, eine Meerbrasse, um genau zu sein. Bei Angels, dem Bäcker, das Brot. Und noch vier *ensaïmadas*, wovon ich eine gleich verzehrte. Puderzucker fiel von dem Schmalzgebäck auf mein Sakko, ich klopfte das weiße Pulver ab und ging weiter.

Ich besorgte Schinken, und weil ich das Obst vergessen hatte, musste ich noch mal zurück zu Maria. Orangen, Zitronen, Äpfel, Weintrauben, Walnüsse, Feigen und noch ein paar Bananen.

»Gracias!«

Bei »La Tapita«, einer Tapas-Bude am Rand der Markthalle, stellte ich meine weißen Plastiktüten auf den Boden und setzte mich an die Bar. Der Raum ist etwa halb so groß, wie es mein Ministerbüro im Auswärtigen Amt war, aber um einiges lebhafter: Menschen kamen und gingen, begrüßten und verabschiedeten sich mit einem Nicken oder einem Klaps auf die Schultern. Andere küssten sich auf ihre Wangen, einmal, zweimal, dreimal. Prosteten sich mit kleinen Weißweingläsern zu und beließen es meist nicht bei einem Glas.

Ich legte meine Handgelenke auf das kalte Metall des Tresens, bestellte ein paar Vorspeisen, die ich noch nie zuvor gekostet hatte und von denen ich bis heute nicht weiß, wie sie heißen. Neben mir lag ein Exemplar einer spanischen Tageszeitung. Auf der Titelseite sah ich ein Bild vom Maidan. Ich trank zum Abschluss noch einen Cortado, die mit etwas Milch im Glas servierte spanische Espressovariante. Dann griff ich nach den Tüten machte mich auf den Weg nach Hause.

Glück, schrieb der Sozialdemokrat Peter Glotz in seinen Lebenserinnerungen, sei ein großes Wort, eigentlich zu groß dafür, dass das Glück meist eine recht kleine, geradezu bescheidene Angelegenheit ist. Ich glaube sagen zu können, dass ich in diesem Augenblick ein sehr glücklicher Mensch war.

5
Eine Art Fügung

Mallorca, 1. Januar 2014

»Kannst du mir mal erklären, warum es unbedingt eine Gans sein muss?« Michael stand vor dem geöffneten Kühlschrank und wühlte sich durch das Gemüsefach. »Die schaffen wir zu zweit doch sowieso nicht. Wie wäre es denn mit einer Ente?«

»Gans oder gar nicht«, scherzte ich.

So richtig wusste ich zwar auch nicht, warum ich mir ausgerechnet dieses Geflügel in den Kopf gesetzt hatte, aber wahrscheinlich lag es an der Umgebung und meinem Wunsch, ihr etwas weihnachtliche Stimmung entgegenzusetzen: Draußen im Garten wärmte die Sonne das Gras, auf der Terrasse roch es nach Rosmarin, und wir zwei standen in Jeans und Polo-Shirts barfuß auf dem Steinboden unserer Küche.

»Eine Gans erinnert mich eben an Weihnachten«, sagte ich zu Michael und zuckte mit den Schultern, so als wollte ich ihm sagen: Mag sein, dass du mich jetzt für einen rührseligen Heini hältst, aber gerade ist mir eben danach.

In den Tagen vor Michaels Ankunft auf der Insel war ich auf der Suche nach einer frischgeschlachteten Gans quer über die Insel gefahren. Ohne Erfolg. Immer wieder hieß es: Haben wir nicht. Aber im Supermarkt, da gibt es tiefgefrorene Gänse haufenweise!

Eine tiefgefrorene Gans aber wollte ich nicht. Partout bildete ich mir eine frischgeschlachtete Gans ein, und deshalb betrachtete ich meine »Gänsejagd« irgendwann nur noch als Vorwand, um auch die entlegenen Winkel Mallorcas zu erkunden: Auf engen Serpentinen kurvte ich durch die Serra de Tramuntana, den bergigen Nordwesten der Insel. Ich machte halt in verwunschenen Dörfern, setzte mich in kleine Cafés am Straßenrand und schlürfte einen Cortado. Ich lief durch enge Gassen und über Plätze voller Farben. In der Wallfahrtskirche von Lluc ging ich vor bis zur Vierung, stellte mich unter die Kuppel, legte meinen Kopf in den Nacken und staunte. Dann zog ich mein Handy aus der Gesäßtasche, machte ein Foto und schickte es Michael.

Du verpasst hier was. Wird Zeit, dass du kommst!

Wie repariert man Körper, Geist und Seele? Ich stellte mir nicht den Wecker, versuchte auszuschlafen. Doch das funktionierte nicht. Meine innere Uhr tickt seit dreißig Jahren im gleichen Takt und weckte mich auch jetzt jeden Tag zuverlässig schon im Morgengrauen: Ich wälzte mich von links nach rechts und nach ein paar Minuten von rechts nach links. Guido, du kannst ausschlafen, sagte ich mir. Kein Fahrer wartet unten auf dich! Keiner ruft deinen Namen! Vergiss den Seitenhieb in dem Fernsehkommentar von letzter Woche! Mach noch mal die Augen zu! Ausschlafen!

In der Ferne krähte ein Hahn. Was tun? Was tun!

Rasch unter die Dusche, angezogen, gefrühstückt, die Blumen gegossen, den Rasensprenger aufgedreht, neuen Rosmarin gepflanzt, extra Wasser auf das Wurzelwerk des ausgetrockneten Apfelsinenbaums, den mir Michael zu meinem fünfzigsten Geburtstag geschenkt hatte und der seitdem leider irgendwie nicht recht anwachsen wollte. Polster auf die Gartenliegen gelegt, die Küche aufgeräumt, das Wohnzimmer, das Schlafzimmer.

Ich ging in mein kleines Arbeitszimmer, einen Raum rechts neben der Haustür, setzte mich an den Holztisch, zog meine Unterlagen aus der Aktentasche und sortierte sie nach verschiedenen Themen: ein Stapel mit den Stiftungssachen; ein Stapel mit Briefen, die ich unbedingt beantworten wollte; ein Stapel mit Notizen und Gedanken zu einem Buch, das ich vielleicht demnächst schreiben würde.

Dann zog ich mich wieder um, schnürte meine Laufschuhe, stieg in unseren weißen Smart und fuhr hinab bis nach Palma, um dort am Strand von Portixol am Meer entlang zu joggen. Und um dort nicht sofort von den vielen Touristen erkannt und fotografiert zu werden, setzte ich mir auf dem Weg dorthin eine weiße Kappe mit dem bunten Logo des CHIO auf.

Nein, ich war nie süchtig nach der Politik an sich. Und dennoch spürte ich in den ersten Tagen und Wochen auf Mallorca eine Art Entzug. Zu abrupt brach das Tempo meines bisherigen Lebens ab. Zu schnell wollte ich mich an neue Selbstverständlichkeiten gewöhnen. Aber das klappte nicht. Ich brauchte Zeit, viel mehr Zeit, als ich zunächst dachte. Zeit, um überhaupt ein Gefühl dafür zu bekommen, was Zeit bedeutet.

»Jetzt nimm dir mal nicht vor, dir nichts vorzunehmen«, sagte Michael, als wir einige Tage später, am Weihnachtsabend, wieder gemeinsam in der Küche standen und kochten. Wir bereiteten ein Fondue zu, und statt der Gans erfüllte nun eine Lichterkette im Garten den Zweck, für ein wenig weihnachtliche Stimmung zu sorgen. Ich hatte sie nach dem Joggen in einem der Supermärkte unten in Palma aufgetrieben und die Kette um unsere Yucca-Palme vor meinem Arbeitszimmer gewickelt. Michael beobachtete mich dabei und schüttelte den Kopf.

»Nimm dir einfach mal gar nichts vor, Guido. Nichts, verstehst du? NICHTS!«

»Aber ich muss doch reagieren, wenn interessante Angebote kommen.«

»Reagieren ja. Aber nicht zusagen.«

Ich war mir da nicht so sicher wie er. Aber mir ist auch selten zuvor ein Mensch wie Michael begegnet, der so in sich ruht, so gelassen und souverän den großen wie kleinen Dingen des Lebens begegnet. Nie verliert er ein böses Wort, nie flüchtet er sich bei der Einschätzung seiner Mitmenschen in Zynismus. Aufmerksam beobachtet er das, was um ihn herum geschieht, hört zu, kommt entgegen, vermittelt, versteht, fühlt sich hinein. Michaels Wesen ist zurückgenommen und zugleich präsent. In meinem Leben ist Michael nicht alles. Aber ohne ihn ist alles nichts.

Und weil es mit der Liebe ein bisschen wie mit dem Glück ist, weil mir das Wort so groß und überwältigend erscheint, so abgegriffen auch, deshalb ging mir das Bekenntnis, dass ich ihn liebe, und zwar über alles, lange nicht leicht über die Lippen. Da war die Sorge vor dem Klischee. Da war die Scheu, dieses schwere Wort an die zarten Blätter eines Setzlings namens Beziehung zu hängen. Da war die Unsicherheit, dessen nicht hundertprozentig sicher sein zu können, was ich einst als das größte mir vorstellbare Glück beschrieben hatte: erwiderte Liebe.

»Du reparierst deine Seele nicht dadurch, dass du dir vornimmst, sie zu reparieren. Genauso wenig lernst du loszulassen, indem du dir sagst: Ich lass jetzt mal los. Glaub mir, so wird das nichts.«

Klar glaubte ich ihm. Zumal ich manchmal das Gefühl hatte: Michael kennt mich mittlerweile ohnehin besser als ich mich selbst.

»Kümmere dich um die Stiftung und deine Vortragsreisen nach Amerika im Frühjahr. Das ist übrigens nicht gerade wenig. Der Rest kommt ganz von allein.«

»Si, Señor«, sagte ich nickend.

Und dieses Mal war ich es, der Michael mit dem Zeigefinger auf den Brustkorb tippte.

Die Weihnachtsfeiertage verbrachten wir essend, trinkend, schlafend, quatschend, spielend, lesend, fernsehend und telefonierend. Die meiste Zeit machten wir es uns auf den beiden großen gelben Couches vor dem Kamin bequem, blickten von dort auf die grünen Hänge des gegenüberliegenden Hügels oder in den kleinen Innenhof mit Springbrunnen zwischen Wohnzimmer und Garten.

Am 27. Dezember stießen wir auf meinen 52. Geburtstag an und schwelgten in den Erinnerungen an den gleichen Tag vor zwei Jahren, als wir hier mit vielen guten Freunden ein Fest feierten, bis zur Morgendämmerung tanzten und erst ins Bett fielen, nachdem wir das ungefähr zehnte Mal *Rolling in the Deep* von Adele gehört hatten.

Und wäre am Vormittag nach der Silvesternacht nicht etwas geschehen, worüber ich in den kommenden Monaten noch sehr oft grübeln sollte, wahrscheinlich wäre auch dieses Buch nie erschienen, weil ich heute längst tot neben meinem Vater in der kalten Erde eines Friedhofs in Bad Salzuflen läge. Gerade weil ich das aber nicht mit Bestimmtheit zu sagen weiß, stelle ich mir noch heute ab und an die Frage: War es eine Fügung, was mir am Neujahrstag beim Joggen auf der Uferpromenade von Portixol widerfuhr? Oder war es Zufall?

Der Hafen von Portixol besteht aus einem fast kreisrunden Becken, eingefasst von einer schmalen Landzunge. An deren Spitze steht ein Hotel, das aussieht wie ein weißgetünchter Würfel. Dort suchten wir nach einem Parkplatz. Wir stellten das Auto ab und dehnten uns am Rande einer Mole. Neben uns stand ein roter Wagen mit heruntergelassenen Fenstern. Der Wagen war leer. Aus seinem Inneren dröhnte das Radio und übertrug irgendeinen Neujahrsgottesdienst. Der Fahrer stand einige Meter abseits auf den Felsen und hielt seine Angel ins Wasser.

Über Jahre hinweg galt die Gegend hier als nicht besonders gut. Die Häuser waren heruntergekommen, und nachts trieben sich eher finstere Gestalten herum. Dann jedoch wertete die Stadtverwaltung Portixol mit ein paar klugen Schachzügen auf: Sie baute eine Uferpromenade, steckte viel Geld in die Infrastruktur des Viertels, schuf Anreize, hier zu investieren. Inzwischen zählt Portixol zu den beliebtesten Ecken von Palma. Michael und ich sind hier oft abends ausgegangen, in letzter Zeit aber kamen wir vor allem zum Laufen her. Die Promenade eignet sich dafür perfekt: Sie ist flach und breit und die Strecke sehr abwechslungsreich. Die Luft riecht angenehm nach Salz und Seetang.

Bevor wir losliefen, stellten wir uns nebeneinander an den Strand, steckten die Sonnenbrillen ins Haar und lachten in die Kamera von Michaels Mobiltelefon. Anschließend schickten wir eine SMS mit vielen guten Wünschen für das neue Jahr an unsere Freunde und Verwandte.

Glück und Gesundheit! Was man halt so schreibt.

Schon am Ende der ersten Bucht, in Höhe einer Tapas-Bar, dachte ich mir: Dafür, dass wir gestern ein paar Gläser Wein getrunken haben, geht das heute aber erstaunlich gut. Der Weg folgte dem Ufersaum und führte uns vorbei an vielen kleinen Häusern mit hohen Fensterläden und buntgestrichenen Fassaden. Ich begann zu schwitzen. Wärme durchströmte meine Hände. Neben mir hörte ich Michaels gleichmäßigen Atem. Schräg hinter uns erkannte ich das Cap de Cala Figuera und direkt vor uns, in der Ferne, die von der Wintersonne zum Leuchten gebrachte Küste bei Bellavista. Am Horizont die Silhouette eines Frachtschiffs, das im Wasser stillzustehen schien.

Ich spürte meinen Herzschlag. Unsere Schritte waren jetzt im Takt. Wir passierten den Segelclub von Molinar. Kurze Zeit später erreichten wir ein paar Parkbänke, die in zwei verschiedene Himmelsrichtungen ausgerichtet waren: nach Osten für die Sonnenaufgänge, nach Westen für die Untergänge. Meist erhöhten wir ab hier unser Tempo, und das taten wir auch an diesem Tag.

»Da hast du deine Gans!«, rief Michael und zeigte nach vorne.

Ich verkniff mir ein Lachen, um kein Seitenstechen zu bekommen. Dass da oben, an der Spitze einer vielleicht acht Meter hohen Stele direkt am Strand, nicht irgendein Metallvogel, sondern eine Gans befestigt ist, war mir bis jetzt nie aufgefallen. Die Gans zeigte die Richtung des Windes an, und gerade als ich darüber nachdachte, woher der Wind wohl heute kam, spürte ich plötzlich in meinem rechten Knie einen ziehenden, fast reißenden und zugleich stechenden Schmerz.

»Ahhhh!«

»Was ist los?«, fragte Michael.

Ich stoppte und stützte mich mit meiner Hand auf seiner Schulter ab. Das Knie fühlte sich an, als würde es gleich platzen. Dort drüben, am Rand der Stele, befand sich eine Balustrade. Da humpelte ich jetzt hin und setzte mich.

»Keine Ahnung«, sagte ich zu Michael, umschloss dabei mein Knie mit beiden Händen und versuchte, es vorsichtig zu strecken und zu beugen. Der Schmerz hatte mittlerweile etwas nachgelassen. Aber an ein Weiterlaufen war trotzdem nicht zu denken.

»Du solltest das unbedingt von einem Orthopäden ansehen

lassen«, sagte Michael, als wir uns bedächtig auf den Weg zurück zu unserem Auto machten.

»Schon gut. Mal sehen, wie sich die Sache morgen anfühlt.«

6

Der böse Verdacht

Köln, 17. Juni 2014

»Die Sache«, wie ich mein kaputtes Knie am Neujahrsmorgen bezeichnet hatte, fühlte sich schon am Tag danach deutlich besser an. Gut, ich konnte zwar noch nicht wieder joggen, aber auch das würde sicher schon bald wieder möglich sein. Statt zur Uferpromenade in Portixol fuhr ich nun eben öfter auf den Golfplatz und spielte dort ein paar Löcher. Der Schmerz ließ in den folgenden Wochen immer mehr nach, aber er verschwand nie ganz: Kaum trat ich etwas fester auf oder drehte mich unbedacht zur Seite, erinnerte mich dieses Stechen im Knie an den Satz von Michael: Du solltest das ansehen lassen.

»Das rüttelt sich schon wieder zurecht.«

Irgendwie passte ein Arztbesuch jetzt nicht zu meiner Stimmung. Die harmonischen Weihnachtsfeiertage mit Michael und unsere vielen guten Gespräche hatten mir Kraft gegeben. Eine Kraft, die ich lange schon nicht mehr zu haben glaubte. So als schälte sich die Haut nach einem starken Sonnenbrand, fiel nun nach und nach der Druck der letzten dreißig Jahre von mir ab.

Es gab Tage, da lag ich stundenlang auf dem Sofa vor dem Kamin und las in den aus Deutschland mitgebrachten Büchern. An anderen Tagen gärtnerte ich von früh bis spät und war erfreut über die vielen neuen Knospen, die das nahende Frühjahr ankündigten.

Die Wochen vergingen, und das Grün meines kleinen Paradieses plusterte sich immer mehr auf. In einem Aufsatz von Hermann Hesse über die Freude am Garten las ich einen Satz, der mir sehr gefiel, obwohl seine ganze Bedeutung erst Monate später in mein Bewusstsein treten sollte: »Wie jedermann nehme ich diesen wohlgeordneten Kreislauf hin als eine selbstverständliche und im Grunde innig schöne Sache; und nur zuweilen kommt es mir im Säen und Ernten für einen Augenblick in den Sinn, wie merkwürdig es doch ist, dass von allen Geschöpfen der Erde nur allein wir Menschen an diesem Lauf der Dinge etwas auszusetzen haben und mit der Unsterblichkeit aller Dinge nicht zufrieden sind, sondern für uns eine persönliche, eigene, besondere haben wollen.«

An wieder anderen Tagen stand ich einfach lange auf der Terrasse und beobachtete die Schwalben. Keine Ahnung, was ich dabei dachte. Ich erinnere mich an einen Traum, in dem es um eine dieser Schneekugeln ging, die ich als Kind so gerne mochte. In einer dieser Kugeln befand sich der Bonner Rathausplatz, und immer wenn ich die Kugel schüttelte, verschwand der Platz im Schneegestöber. In meinem Traum sanken die Flocken ganz friedlich zu Boden, eine nach der anderen. Als keine mehr im Wasser schwebte, begannen sie zu schmelzen. Alles begann jetzt zu schmelzen. Die Schneeflocken, das Rathaus, der Platz und die Menschen. Kurz bevor ich aufwachte, war da nur noch helle, klare Flüssigkeit.

Der Winter ist für mich die schönste Jahreszeit auf Mallorca: Die Insel ist nicht so überlaufen und das Wetter in aller Regel wunderschön. Meist kann man sogar im Freien frühstücken. Ich hatte deshalb beschlossen, auch nach Michaels Abreise noch einige Zeit hier zu bleiben und meine neue Freiheit genießen zu lernen.

Inzwischen klappte das auch schon ganz gut: Ich bemerkte, wie sich in mir eine große Gelassenheit den Dingen gegenüber breitmachte. Es mag merkwürdig klingen, aber in gewisser Weise wurde ich mir selbst sympathischer. Nicht, dass ich mir vorher unsympathisch gewesen wäre. Aber natürlich ärgerte ich mich selbst am meisten über mich, wenn ich durch Worte und Gesten meiner Umwelt gegenüber einen Eindruck von meiner Persönlichkeit vermittelte, ja bisweilen aus irgendwelchen strategischen Erwägungen vermitteln musste, der einfach nicht der Wahrheit entsprach. Weder bin ich ein sturer Rechthaber noch ein unsensibler Eisklotz. Ich stand mir manchmal einfach nur selbst im Weg. Aber das merkt man leider immer erst nachher, wenn es zu spät ist. Wenn der lästige Zwischenrufer im Parlament abgekanzelt und der unhöflich auftretende Journalist vorgeführt worden ist. Nicht selten bereute ich das Ende eines Satzes schon, bevor ich es ausgesprochen hatte.

Warum ich dann oftmals nicht gleich geschwiegen habe? Darüber dachte ich viel nach in diesen Tagen. Der Umgang mit Sprache, vor allem aber das gesprochene Wort, hatten in meinem Elternhaus und meiner Jugend stets eine große Rolle gespielt: Beide Eltern arbeiteten als Rechtsanwälte. Worte zählten zu den Werkzeugen ihres Handwerks. Und auch ich studierte später Jura.

Vor allem im Falle der Verteidigung werden Worte schnell zu Waffen. In dieser Atmosphäre wuchs ich auf: Mit Worten recht bekommen, wenn Unrecht im Verzug ist. Und später, ich war bereits ein junger Mann, fühlte ich mich gewiss nicht nur einmal angegriffen und ungerecht behandelt. Vielleicht auch, weil ich von manchen als »anders« wahrgenommen wurde, weil ich auf Jungs und nicht auf Mädchen stand, weil ich mich auf unserem Schulhof nicht in die Raucherecke stellte und dort im linken Mainstream schwamm.

Um keine Missverständnisse aufkommen zu lassen: Ich war kein Opfer. Und Selbstmitleid ist mir noch ferner als eine Mitgliedschaft in der Linkspartei. Aber die Persönlichkeit eines Menschen formt sich im Laufe vieler Jahre, ist durchwirkt von Erfahrungen und Prägungen. Kindheit spielt eine Rolle, die Pubertät ebenso. Manchmal bietet sich die Chance zur ausführlichen Reflexion, manchmal nicht.

Ich hatte diese Chance auf Mallorca und bin froh, sie genutzt zu haben. Oft saß ich mit engen Freunden im Can Pedro, einer typisch mallorquinischen Wirtschaft einige Autominuten von unserem Haus entfernt, und fragte sie nach ihrer Meinung: Was sollte ich eurer Ansicht nach ändern? Was ratet ihr mir? Wir saßen auf unbequemen Stühlen an viereckigen Holztischen, vor uns eine Karaffe Wein und ein saftiges Stück Fleisch, und redeten in einer Weise, wie nur Freunde miteinander reden, wenn sie wahre Freunde sind: in aller Ehrlichkeit. Und so roch meine Reparatur von Körper, Geist und Seele an manchem Morgen nach jeder Menge Knoblauch.

Der Januar war gerade einmal eine Woche alt, als ich das erste Mal gegen einen meiner Vorsätze für das neue Jahr verstieß: Ich verabredete mich mit einem Journalisten in einem Café in Portixol, um ihm ein Interview zu geben. Eigentlich hatte ich mir ja fest vorgenommen, meine Klappe zu halten, kein öffentliches Wort über nichts und niemanden zu verlieren. Dieses Gespräch aber sollte eine Ausnahme sein, denn das Thema war mir eine Herzensangelegenheit.

In einem Interview mit der *Zeit* und in einem sehr bewegenden Video hatte sich der Fußballer und 52-fache Nationalspieler Thomas Hitzlsperger nach langem Schweigen zu seiner Homosexualität geäußert. Es war das erste Mal, dass ein prominenter Fußballer in aller Öffentlichkeit so über sein Privatleben sprach. Er wolle mit diesem Schritt eine Diskussion voranbringen, sagte Hitzlsperger. Und er sagte den großartigen Satz: »Homophobe Leute haben jetzt einen Gegner mehr.«

Mich beeindruckte seine Courage sehr. Gerade weil er sich in einem Umfeld bewegt, indem Schwulsein noch immer tabuisiert ist und als Sache von »Weicheiern« gilt. Thomas Hitzlsperger, ein Mann, von dem die meisten wohl nie erwartet hätten, dass er schwul ist, entlarvte mit seiner Ehrlichkeit all diese Klischees als Vorurteile. Er tat das in einer so offenen und souveränen Art, so sympathisch und lässig, dass ich mir sicher war: Dieses Statement wird seine Wirkung nicht verfehlen.

Als mich also der Journalist anrief und mich fragte, ob ich das Interview von Thomas Hitzlsperger zum Anlass nehmen wolle, auch über meine Erfahrungen als homosexueller Politiker zu sprechen, willigte ich spontan ein. Zu wichtig war mir das Thema, um dazu nichts zu sagen. Zu groß die Chance, der Diskussion noch einen zusätzlichen Drall verleihen zu können.

Etwa eine Viertelstunde vor dem Termin stieg ich in mein Auto und fuhr hinunter nach Portixol. Hinter dem großen weißen Hotel an der Spitze der Landzunge suchte ich nach einem Parkplatz und fand ihn exakt dort, wo ich schon am Neujahrstag mit Michael geparkt hatte. Nur der rote Wagen des Anglers fehlte heute.

»Sie humpeln?«, fragte mich der Journalist zu Begrüßung.

»Habe mir beim Joggen den Fuß verknackst«, antwortete ich ihm. »Jetzt pausiere ich, bis es wieder besser ist.« Mehr wollte ich dazu nicht sagen, denn mehr ging niemanden etwas an. Auch ihn nicht.

Wir sprachen ungefähr zwei Stunden lang über ein Thema, das für mich nie nur ein parteipolitisches Anliegen, sondern immer auch eine existenzielle Angelegenheit war. Als ich in die

Politik einstieg, da hatte es noch keinen schwulen Bürgermeister in Berlin und keinen in Hamburg gegeben. Formal war der unselige Paragraf 175 des deutschen Strafgesetzbuches noch nicht einmal abgeschafft, allerdings fand er seit dem Ende der sechziger Jahre kaum mehr Anwendung bei der Bestrafung gleichgeschlechtlicher Kontakte. Homosexualität war ein Tabu, und in der Szene herrschte ein Klima von Angst und Beklemmung.

Als ich 1983 erfolgreich für das Amt des Bundesvorsitzenden der Jungen Liberalen kandidierte, erschütterte die sogenannte »Kießling-Affäre« die Bundesrepublik: Günter Kießling zählte als Viersternegeneral und stellvertretender NATO-Oberbefehlshaber zu den angesehensten Militärs des Landes. Bis ihm plötzlich unterstellt wurde, er sei homosexuell und deswegen angeblich erpressbar. Manfred Wörner, der damalige Verteidigungsminister, bezeichnete den General als »Sicherheitsrisiko« und entließ ihn. Übrigens einen Tag vor Weihnachten.

Schon bald jedoch entpuppte sich die Behauptung, Kießling sei schwul, als Farce. Der Geschasste wurde im Februar 1984 in den Dienst der Bundeswehr zurückgeholt, aber bereits nach zwei Monaten wieder verabschiedet. Dieses Mal jedoch mit Trommelwirbel und dem kompletten Brimborium eines Großen Zapfenstreichs. »Ehrenhaft«, wie es dann immer heißt. Wie ehrlich dieser »ehrenhafte« Ruhestand in Wirklichkeit allerdings gemeint war, musste Günter Kießling dann nur ein Jahr später erfahren: Zum Jubiläum der Bundeswehr war er als einziger Viersternegeneral nicht eingeladen. Und das alles, weil irgendjemand das Gerücht in die Welt gesetzt hatte, er sei homosexuell.

Viele meiner Freunde sorgten sich damals, diskriminiert und ausgegrenzt zu werden. Auch ich wurde davor gewarnt, meine sexuelle Orientierung öffentlich zu machen, insbesondere als

Jurist, der womöglich irgendwann in den Staatsdienst eintreten wolle.

»Lieber nicht«, lautete die Losung der Zeit.

Ein Versteckspiel aber kam für mich nicht infrage. Von Anfang an kämpfte ich für die Gleichstellung von Schwulen und Lesben. Erst noch zurückhaltend im Verborgenen, später dann mit offenem Visier in der Mitte der politischen Arena.

»Wer die Diskriminierung von gleichgeschlechtlichen Lebenspartnerschaften beseitigt, schwächt nicht Ehe oder Familie, sondern stärkt Verantwortung. Schade, Norbert.«

Diesen Satz adressierte ich wenige Tage nach Silvester via Facebook an Norbert Blüm. Zuvor hatte der CDU-Politiker in der *Frankfurter Allgemeinen Sonntagszeitung* ein Urteil des Bundesverfassungsgerichts scharf kritisiert. Der Zweite Senat des höchsten deutschen Gerichts war nämlich der Ansicht, dass das Ehegattensplitting im Steuerrecht auch auf homosexuelle Paare angewendet werden müsse. Diese Liberalisierung brachte Norbert Blüm in Rage: Der Fall sei Ausdruck einer »hastenden gerichtlichen Assimilation an die launische Wechselhaftigkeit dessen, was gerade ›in‹ ist«. Am liebsten hätte ich ihm in diesem Moment geschrieben: Lieber Norbert, auch für dich gilt offenbar der Satz: Alter schützt vor Torheit nicht. Ich überlegte kurz, löschte den Satz wieder und kehrte dann zu einer sachlicheren Ausdrucksweise zurück.

Es drängte mich also aus ganz verschiedenen Gründen, Thomas Hitzlsperger zu unterstützen. Denn kaum hatte er sich mit seinem mutigen Interview nach vorne gewagt, hörte man schon wieder das Gesäusel aus dem scheinliberalen Spektrum des Bürgertums: »Ist ja eine tolle Sache, aber warum muss er denn das so in der Öffentlichkeit breittreten?« Ja, warum denn bitte nicht? Manche Medien überboten sich in ihrer Doppelmoral, heuchelten einerseits Verständnis und Wohlwollen, wiederholten andererseits aber auch wie selbstverständlich schwulenfeindliche Stereotype. So nach dem Motto: »Der Hitzlsperger ist zwar homosexuell, aber dennoch sehr sympathisch.«

Mich erinnerte das an eigene Erfahrungen. Kurz nach der Hochzeit von Michael und mir meckerte ein Landesminister der FDP während einer vertraulichen Sitzung: »Diese Aktion kostet uns jetzt noch mal ein paar Prozentpunkte.« Und nicht nur einmal bekam ich nach meiner Ernennung zum Außenminister Fragen wie diese gestellt: Ob ich, der mit einem Mann zusammenlebt, Deutschland in der Welt gut vertreten könne? Insbesondere in der islamischen Welt? Auch vermeintlich liberale Medien würzten ihre Beiträge über mich mit schmierigen Anspielungen, die sich von den Anfeindungen an den Stammtischen nur durch die Eleganz der Wortwahl unterschieden. Der Subtext jedoch war stets identisch: Der Westerwelle ist uns zu »schrill«. Mit anderen Worten: Wir mögen keine Tunten.

Als einige Medien dann auch noch damit begannen, Michael anzugreifen, wehrte ich mich heftig. Sie unterstellten ihm unlautere Geschäftemacherei, nur weil er sich erlaubt hatte, mit mir als seinem Partner auf eine Auslandsreise nach Südamerika mitzukommen. Michael war damals bereits Vorstandsmitglied der Organisation »Ein Herz für Kinder« und wollte mich begleiten, um sich während der Reise sozial zu engagieren. Auch deshalb übrigens, weil wir – leider – keine eigenen Kinder haben. Die Vorwürfe gegen Michael erwiesen sich ausnahmslos als unbegründet. Den schalen Nachgeschmack der Homophobie konnte ich jedoch lange nicht vergessen.

Hatte ich eine Vorahnung? Ich weiß es nicht. Aber aus irgendeinem Grund sprach ich nach dem Interview mit dem Journalisten über den Tod. Wir saßen im Auto und fuhren einige Kilometer weiter, um an einem Strandstück südlich des Flughafens die Fotos zu machen. Es gab eigentlich keinen Anlass für dieses Thema.

»Sie werden sehen«, sagte ich, »zwischen vierzig und fünfzig kommen die Einschläge immer näher. Ganz plötzlich und ohne Vorwarnung.«

Einige Tage später erschien das Interview mit einer Zeile, über die ich in den kommenden Monaten noch oft und lange nachdenken sollte: »Bevor ich den Löffel abgebe, ist Schwulsein eine Selbstverständlichkeit.«

Anfang Februar trafen sich in München auf der jährlich stattfindenden Sicherheitskonferenz viele meiner ehemaligen Kollegen aus dem In- und Ausland. Ich las die Berichte in den diversen Zeitungen – und biss mir auf die Zunge, als Journalisten mich anriefen, um mich nach meiner Meinung zu den Neuigkeiten zu befragen.

Ganz offensichtlich nutzten sowohl Bundespräsident Joachim Gauck als auch Verteidigungsministerin Ursula von der Leyen sowie, in Abstufungen, auch mein Amtsnachfolger Frank-Walter Steinmeier die Bühne, um eine Kampagne für eine neue deutsche Außenpolitik loszutreten. Man solle, so der Bundespräsident, doch nicht »einfach so weitermachen wie bisher«. Es war die Rede von einer Ausweitung des militärischen Engagements der Bundesrepublik. Und Ursula von der Leyen ergänzte: »Gleichgültigkeit ist für ein Land wie Deutschland keine Option.«

Sind also der Einsatz für Demokratie und Menschenrechte, die humanitäre Hilfe und meine Doktrin einer Politik der militärischen Zurückhaltung ein Ausdruck von Gleichgültigkeit? Weder betrachte ich mich selbst als Pazifisten, noch vertrete ich die Ansicht, nach einem Schlag auf die linke Wange auch noch die rechte Wange hinzuhalten. Aber das unbedachte Reden von der Notwendigkeit militärischer Aktionen widert mich seit jeher an. Noch gut erinnere ich mich an Onkel Gustav, den Bruder meines Vaters: Wenn er ein bisschen was getrunken hatte, bekam er gelegentlich glasige Augen und redete vom Krieg. Wir Kinder fragten nach.

»Das ist zu schlimm für euch«, antwortete er.

Dann aber erzählte er eben doch die eine oder andere Geschichte. Von der Not, den Entbehrungen. Von dem polnischen Zwangsarbeiter, der in der Nähe von Bad Salzuflen hingerichtet wurde, weil er ein Verhältnis mit einer Deutschen angefangen hatte.

Den »gerechten« Krieg, den Krieg, der nur die Schuldigen trifft, den gibt es leider nicht. Wir neigen inzwischen dazu, diese Erkenntnis mit dem irreführenden Ausdruck »Kollateralschäden« zu bezeichnen. In Wirklichkeit aber ist Krieg immer grausam und muss deshalb die Ultima Ratio einer jeden Politik bleiben. Diese Haltung gehört seit jeher zur Staatsräson der Bundesrepublik, und ich sehe keinen Grund, sie zu ändern. Unser Land wird nicht daran reifen, wenn wir künftig mehr Soldaten in andere Länder schicken. Die Pickelhaube steht uns Deutschen nicht.

Ich bin stolz darauf, dass sich Deutschland während meiner Zeit im Auswärtigen Amt an keinem neuen Krieg beteiligt hat. Im Gegenteil: Wir haben den Rückzug aus Afghanistan eingeleitet und auch in anderen Regionen unsere Truppenpräsenz verringert. Wir haben erkannt, dass das massive militärische Eingreifen in Ländern wie dem Irak und auch in Libyen dort gewiss nicht zu neuer politischer Stabilität geführt hat. Verfügt Deutschland deshalb etwa über weniger Einfluss und Macht? Wohl kaum. Reden und verhandeln bringt meist mehr als schießen und bombardieren. Was also soll Säbelrasseln mit Selbstbewusstsein zu tun haben? Nichts.

Der Mehrheitsmeinung der deutschen Bevölkerung ist es zu verdanken, dass die Initiative für ein größeres, weltweites militärisches Engagement der Bundesrepublik in den Monaten nach der Sicherheitskonferenz beinahe wirkungslos verpuffte.

Mitte Februar reiste ich mit einem Freund nach Asien. Als ich zwei Wochen später wieder nach Mallorca zurückkehrte, drohte in der Ukraine unterdessen ein Bürgerkrieg auszubrechen. Tausende Demonstranten hatten während der vergangenen Monate den Maidan zu einem Lager ausgebaut, mit unzähligen Barrikaden und einer Krankenstation. Mehr noch: Der Platz war zu einer Festung geworden, und der Machthaber Wiktor Janukowytsch hatte kurz vor seiner Flucht nach Russland noch versucht, diese Festung zu stürmen und das Rad der Geschichte zurückzudrehen. Auf den Dächern rund um den Maidan gingen Scharfschützen in Stellung und nahmen die Demonstranten unten auf dem Platz ins Visier. Dutzende von ihnen ließen ihr Leben.

Die Zeitungen berichteten von Verletzten, die direkt vom Krankenhaus in die Gefängnisse Kiews verschleppt wurden. Das Regime stützte seine bröckelnde Macht auf polizeiliche Willkür und rohe Gewalt. Premierminister Mykola Asarow bezeichnete die Demonstranten inzwischen als »Terroristen« und rechtfertigte damit das unglaublich brutale Eingreifen der Regierungstruppen. Auf meiner Facebook-Seite schrieb ich: »Die Nachrichten aus Kiew sind erschütternd. Meine Gedanken sind bei den Opfern und ihren Familien. Den tapferen Menschen, die weiterhin auf dem Maidan ausharren, gilt mein allergrößter Respekt. Europa darf sie in diesen Stunden nicht allein lassen.«

Inzwischen aber wurde immer offensichtlicher, dass das Drehbuch dieser Eskalation nicht nur im Präsidentenpalast von Kiew geschrieben wurde. Von Moskau aus heizte der Kreml den Konflikt immer weiter an. Eine bisweilen grotesk anmutende Propaganda mobilisierte die Emotionen der Menschen im Osten und war zugleich Wasser auf die Mühlen der Hardliner im Westen. Der Ausdruck »Russlandversteher« geriet plötzlich zu einem Schimpfwort. Ich ärgerte mich darüber, weil das Streben nach beiderseitigem Verstehen seit jeher die Grundlage politischen Handelns sein sollte. Das Gegenteil des Verstehens ist das Nicht-Verstehen, in gewisser Weise also die Dummheit. Wie also konnte es nur so weit kommen, dass sich die Dummheit zu einem Ideal der Politik mausern konnte?

Drei Tage nach der Eskalation begegneten sich auf dem Maidan die Extreme: Einerseits trauerten die Menschen um ihre toten Landsleute. Andererseits feierten sie den Sieg ihrer Revolution. Wiktor Janukowytsch hatte sich bei Nacht und Nebel aus dem Staub gemacht, und in Kiew stimmte das Staatsparlament für die Freilassung von Julija Tymoschenko. Über zwei Jahre lang hatte man sie in einem ehemaligen Krankenhaus im Osten des Landes eingesperrt. Jetzt sah ich in den Fernsehnachrichten, wie sie in einem Rollstuhl sitzend zu den Demonstranten sprach. Da saß sie, die stets so stolze und in Weiß gekleidete Politikerin, fast zerbrochen an der Haft und den Schmerzen, eingepackt in einen schwarzen Anorak. Mein Gott, dachte ich mir, was muss das für eine Frau wie sie nur bedeuten?

In der ukrainischen Politik drohte nun ein Chaos auszubrechen. Kaum war der gemeinsame Feind besiegt, zerstritten sich die einstigen Verbündeten. Man kennt diesen Reflex nicht nur aus den Dramen William Shakespeares. Die beiden Protagonisten Arsenij Jazenjuk und Vitali Klitschko, die noch vor wenigen Wochen während meines Besuchs in Kiew einträchtig nebeneinandergesessen hatten, gingen nun sehr getrennte Wege.

Am liebsten hätte ich die beiden angerufen und mich mit ihnen zum vertraulichen Gespräch verabredet. Wie ich das so oft getan habe, als es Probleme zu lösen galt und die Stunde der Diplomatie gekommen war. Aber nein: Ich war raus aus alldem. Außerdem hatte ich mir fest vorgenommen, die Politik meines Nachfolgers nicht öffentlich zu kommentieren.

Einerseits, weil sich das grundsätzlich nicht gehört. Und andererseits, weil sich auch Frank-Walter Steinmeier nach seiner ersten Amtsperiode als Außenminister mir gegenüber fast immer korrekt verhalten hat: So zählte er beispielsweise zu den wenigen in der Opposition, die nach unserer Enthaltung bei der Libyen-Abstimmung nicht in die teilweise hysterischen Bocksgesänge einstimmten, sondern von einer »verständlichen und nachvollziehbaren Entscheidung« sprachen. Er erklärte: »Ob militärische Luftschläge dem Volk in Libyen wirklich helfen, daran kann man zu Recht Zweifel haben.«

Irgendwann Ende Februar suchte ich für einen Tagebucheintrag im Internet nach dem genauen Wortlaut des Steinmeier-Zitats. Ich fand ihn auf der Website des *Handelsblatts* und las die Leserkommentare unter einem Bericht über meine umstrittene Entscheidung von damals. Noch heute erinnere ich mich an den letzten Satz eines Eintrags: »Diese Politiker«, schreibt eine gewisse margit117888, »sind wirklich ein Krebsgeschwür.«

Schritt für Schritt gewöhnte ich mich an mein neues Leben. Mein Alltag entschleunigte sich Woche für Woche und Monat für Monat. Zum ersten Mal seit Jahrzehnten bekam ich eine

Ahnung davon, was es bedeutet, mit sich ins Reine zu kommen. Mein Körper und meine Seele gerieten immer mehr in Einklang miteinander. Eine sonore Ruhe erfüllte mein Inneres, ich war gelassen und entspannt. Die Stapel auf meinem Schreibtisch schmolzen scheinbar von alleine dahin, so wie der Schnee in jener Kugel, von der ich unlängst geträumt hatte.

Ich beantwortete viele Briefe, telefonierte mit Freunden und Weggefährten aus der Politik, gab mich in den Morgenstunden oft stundenlang der Zeitungslektüre hin, ging viel zum Schwimmen und saß an manchen Abenden mit Freunden im Can Pedro und freute mich über eine Schale *pimientos de padrón*, die frittierten und stark gesalzenen, kleinen grünen Paprikaschoten. Dazu eine Platte Fleisch und ein paar Pommes. Das Leben kann so schön sein.

Salud! Gesundheit!

Ja, ich genoss mein neues Dasein inzwischen in vollen Zügen. Anfangs war ich noch etwas misstrauisch gewesen, weil ich nicht wusste, was die Zukunft bringt: Würde ich mich langweilen? Würde ich in ein tiefes Loch fallen? Natürlich gab es Momente des Selbstzweifels und der Unsicherheit. Auch wäre es gelogen, wenn ich behauptete, die Wahlschlappe der FDP hätte mich nicht gekränkt. Selbstverständlich hat sie das, und es dauerte seine Zeit, bis ich diese Enttäuschung überwunden hatte.

Politiker sind Alphatiere, und Alphatiere gehen gern vorneweg. Nun gingen auf einmal andere vorneweg. Das ist, ich gebe es zu, schon eine unangenehme Vorstellung. Plötzlich ist man nur noch halb so wichtig. Wenn überhaupt. Auf einmal tritt der Gedanke der Endlichkeit durch die Tür. Eine Vorahnung dessen, was uns irgendwann alle ereilt: zu verschwinden. Nur noch in der Erinnerung fortzuleben.

Es dauerte eine Zeit, bis ich das alles wirklich begriff und zu verarbeiten begann. Das ganze Ausmaß des politischen Debakels, das sich da bei der letzten Bundestagswahl entfaltet hatte. Die unermesslich große Bedeutung, die die FDP für mich und in meinem bisherigen Leben hatte. Meine Verwobenheit in diesen Kosmos, die Vertrautheit, die Zuneigung zu so vielen Menschen in der Partei. Einer Partei, von der es nun hieß, dass sie um ihr Überleben kämpfe. Nein, all dies ließ mich alles andere als kalt.

Ende März brach ich nach Amerika auf. Einige Universitäten an der Ostküste hatten mich eingeladen, vor ihren Studenten und Professoren über die Herausforderungen in der Europapolitik und das transatlantische Verhältnis zu sprechen. Ich freute mich sehr über diese Gelegenheit, denn wann immer ich an einer Universität redete, empfand ich den Austausch mit Studenten als Geschenk. Die Möglichkeit, sich abseits der Hektik und des fortwährenden Pragmatismus des politischen Alltags konzentriert und ausführlich einem Thema zu widmen, begeisterte mich.

Nach einem kurzen Aufenthalt in Princeton an der traditionsreichen Eliteuniversität reiste ich weiter in Richtung Boston im Bundesstaat Massachusetts. Nördlich des Charles River liegt das Städtchen Cambridge und, nicht weit vom Fluss entfernt, der Campus der Harvard University. Am dortigen Center for European Studies hielt ich eine Rede, traf in verschiedenen Runden deutsche und amerikanische Studenten zur Diskussion. Ich genoss die Neugier und Aufgeschlossenheit der Leute hier enorm. Die Studenten waren so extrem gut informiert und vorbereitet, dass keineswegs nur sie von mir lernten, sondern auch ich von ihren Sichtweisen profitierte.

Weit weniger informell war die Atmosphäre in New York: Dort hatte mich das American Council on Germany zu einem

Vortrag im University Club eingeladen. Der Club befindet sich an der Fifth Avenue, nur wenige Blocks vom Central Park entfernt, in einem imposanten Gebäude aus der Zeit des frühen 20. Jahrhunderts. Hohe Decken, holzgetäfelte Wände, tiefe Sessel und mit schweren Teppichen ausgelegte Böden. Gleich nebenan befinden sich das Museum of Modern Art und mit den Rockefeller Apartments an der 54. Straße eines der schönsten Zeugnisse des amerikanischen Modernismus überhaupt. Hier schlägt das Herz von Midtown Manhattan.

Es machte mich glücklich, endlich einmal in New York zu sein, ohne von Termin zu Termin zu hetzen. In den vergangenen Jahren hatte ich meine kurzen und schnellen Tage hier ja meistens in einem der Sitzungssäle im schlanken Gebäude der Vereinten Nationen drüben am East River verbracht. Fast nie reichte die Zeit für einen Spaziergang; fast nie für einen *flat white* in einem der vielen Cafés; fast nie für einen Bummel über den Markt am Union Square; fast nie für einen Besuch im St. Mark's Bookshop, dem wahrscheinlich besten Buchladen der Stadt; fast nie für ein Mittagessen im »Juni«, einem angeblich so großartigen neuen Restaurant im Garment District; fast nie für eine Tour durch das Wohnhaus des Künstlers Donald Judd unten in Soho. Und fast nie für ein Stück Fleisch und eine Flasche Rotwein mit meinen New Yorker Freunden in Wolfgang's Steakhouse an der Park Avenue.

All das war diesmal anders. Ich hatte, so kam es mir vor, fast unendlich viel Zeit. Und ich hatte meine Laufschuhe eingepackt. Im Central Park wollte ich es nach so vielen Wochen Pause wieder mit dem Joggen versuchen. Mein Knie tat kaum mehr weh, und ein befreundeter Orthopäde aus Berlin, den ich zwischenzeitlich konsultiert hatte, versicherte mir nach einem Blick auf die MRT-Aufnahme, ich könne es gern probieren. Allerdings muss ich zugeben, dass er auch sagte: »Du kommst irgendwann sowieso zurück zu uns Ärzten, denn dein Meniskus ist kaputt. Ohne Operation kannste das Laufen vergessen.«

Die Luft war eiskalt, und ich fror ein wenig, als ich am frühen Morgen eines wolkenlosen Apriltages in kurzen Hosen und Trainingsjacke auf den Bürgersteig vor meinem Hotel an der Upper East Side trat. Ich begann zu traben, machte kleine, kurze Schritte, um zu fühlen, was mein rechtes Knie von meinem Vorhaben hielt, einmal um den großen See inmitten des Central Parks zu laufen. Ich spürte: nichts.

Zügig erhöhte ich mein Tempo. Querte erst die Madison Avenue, dann die Fifth Avenue, bevor ich, einem grauen Asphaltband folgend, in das Grün des Parks schlüpfte. Ältere Damen führten ihre handtaschengroßen Hunde aus, bückten sich nach der Notdurft ihrer Liebsten und entsorgten sie in kleinen schwarzen Plastiktüten. Andere Läufer kamen mir schweißdurchnässt entgegen. Den Lärm der Stadt, das Hupen und Heulen der Sirenen, vernahm ich hier nur noch gedämpft. Vögel zwitscherten. Ein *squirrel* huschte über die Wiese und kletterte auf einen Baum.

In gleichmäßigen Schritten lief ich um den See. Ganz deutlich spürte ich inzwischen ein Stechen in meinem rechten Knie. Es wurde stärker und stärker. Ich lief weiter. Das Stechen war kaum mehr auszuhalten. Ich biss die Zähne zusammen, spannte meinen Körper an. Weiter, sagte ich zu mir, weiter. Ich spürte, wie es da unten pochte und brannte. Wie es stach. Wie es zog.

Ich lief weiter, so als wollte ich den Schmerz niederringen, so als glaubte ich, einer von uns beiden – das Knie oder ich – könnte diesen Kampf gewinnen und dann sei alles vorbei. Nun, da ich mich Schritt für Schritt an mein neues Leben gewöhnt hatte, wollte ich auch keinen Schritt mehr davon preisgeben, keinem Stechen und keinem Drücken nachgeben. Unbeugsam sein.

In Höhe einer Tennisanlage oberhalb des Sees gab ich mich geschlagen. Die Schmerzen waren stärker als mein Wille, sie noch weiter zu ertragen.

»Schön, dich wiederzusehen«, begrüßte mich einige Wochen später in Berlin mein Medizinerfreund, der mir bereits im Frühjahr angekündigt hatte, dass sich meine Kniebeschwerden nicht von alleine in Luft auflösen würden. Ich empfand seine Begrüßung als anständig, weil er mir nicht noch vermittelte, wie stur ich mich verhalten hatte.

»Jetzt aber solltest du dich operieren lassen.«

Ich gab mich geschlagen. Wochenlang hatte ich versucht, die notwendige Operation hinauszuzögern. Ich hatte bis zuletzt gehofft, dass sich mein Knie noch von alleine erholen würde und ich bald wieder ohne Schmerzen würde laufen können. Daran jedoch war nicht mehr zu denken: Mittlerweile wackelte und humpelte ich wie ein dreibeiniger Dackel durch die Gegend. Ich meldete mich also in der Kölner Mediapark-Klinik für die unausweichliche Operation an.

Ein kleiner Eingriff, sagte man mir dort. »Minimal-invasiv, das geht ruck, zuck.«

Bis es so weit war, regelte ich in Berlin noch einige Angelegenheiten der Stiftung. Ich traf den ehemaligen amerikanischen Botschafter Phil Murphy und schrieb tags darauf einen kurzen Nachruf auf Frank Schirrmacher, den viel zu jung gestorbenen *FAZ*-Herausgeber: »Wir werden seine Geisteskraft und seine so klugen Beiträge vermissen.«

Nicht ahnend, dass sich zu diesem Zeitpunkt bereits in meinem eigenen Körper eine tödliche Gefahr zusammenbraute, stieg ich in ein Flugzeug nach Köln und fuhr dort in unsere Wohnung am Stadtwald.

Sofern ich nicht ohnehin meine Zeit auf Mallorca verbrachte, hatte ich seit dem Abschied aus der Politik meinen Wohnsitz immer mehr von Berlin zurück ins Rheinland verlagert. Dort bin ich aufgewachsen und hatte viele Jahre lang meinen Wahlkreis. Michael lebt und arbeitet in Köln, es lag also nahe, häufiger dort als in Berlin zu sein.

Unsere Wohnung liegt im Stadtteil Lindenthal, einem wunderschönen Wohnviertel zwischen dem Inneren und Äußeren Grüngürtel und nicht allzu weit weg von der Kölner Innenstadt. Entlang der Dürener Straße befindet sich eine Vielzahl an Geschäften und Gasthäusern. Von der Terrasse unserer Wohnung blicken wir in die Baumkronen des Stadtwalds, das Haus selbst ist ein eher schmuckloser Bau aus den frühen Achtzigern. Wir wohnen hier schon seit vielen Jahren. Hier fühle ich mich wohl, denn die Wohnung erinnert mich an gute Zeiten. Oder anders formuliert: Zeiten, von denen ich erst jetzt merkte, wie gut und wichtig sie für mich waren: Wochenenden, fern vom Berliner Politikbetrieb. Gespräche über Gott und die Welt. So wie an diesem Abend, an dem uns Freunde besuchten und wir gemeinsam grillten und miteinander quatschten.

»Leute, ich gehe jetzt ins Bett«, verabschiedete ich mich spätnachts. »Morgen wird mein Knie geflickt, da will ich nicht zu müde sein.«

Lediglich eine Nacht sollte ich in der Klinik bleiben, und entsprechend spärlich packte ich meine Reisetasche: Schlafanzug, Unterwäsche, Waschzeug, Socken, ein frisches Hemd. Das iPad nahm ich in die Hand. Michael brachte mich bis zum Eingang der Klinik und fuhr dann weiter in sein Büro.

Eine Stunde später lag ich in einem dieser grünlichen OP-Hemden auf dem Bett meines Stationszimmers, und ein Pfleger rasierte mir die Haare auf meinem rechten Kniegelenk. Er erzählte mir von seinen Plänen, demnächst nach Neuseeland und Australien zu reisen, und ich scherzte ein wenig, um meine Unsicherheit zu kaschieren. Die Situation war mir unangenehm, egal wie banal der bevorstehende Eingriff auch sein sollte. Mein letzter Aufenthalt in einem Krankenhaus lag über vierzig Jahre zurück, damals war ich noch ein kleiner Junge und bekam die Mandeln entfernt. Der Pfleger trocknete mein Bein und verabschiedete sich.

»Gute Reise!«, rief ich ihm zu.

Ich berührte mein geschorenes Bein und wunderte mich, wie anders mir doch dieser vertraute Körperteil jetzt vorkam, nun, da er sich so nackt und glatt anfühlte. Ich wartete.

Nach einiger Zeit öffnete sich die Tür, und der behandelnde Arzt trat ein.

»Guten Morgen, Herr Westerwelle.«

»Guten Morgen!«

»Leider müssen wir Ihnen noch mal Blut abnehmen. In dem Blutbild von gestern scheint ein Messfehler zu sein. Tut uns leid, das passiert ab und an.«

Wieder stach man mir in die Vene, und Blut strömte in ein Röhrchen hinein.

Stille. Ich war nun ganz allein im Zimmer. Mit dem Zeigefinger meiner rechten Hand presste ich den kleinen Fetzen Mull an die Vene, um die Blutung zu stillen. Nach einigen Minuten legte ich den Arm zur Seite, stand auf, holte mein iPad, legte mich wieder aufs Bett und las meine E-Mails.

Warum dauert denn das so lange?, fragte ich mich.

Als sich nach etwa einer Stunde die Tür wieder öffnete, wusste ich sofort: Irgendwas stimmt nicht. Neben dem behandelnden Arzt stand nun auch ein Internist, den ich gut kannte, weil er mich während der anstrengenden Wahlkämpfe gelegentlich mit Vitaminen wieder fit gespritzt hatte. Auch seine Praxis ist in dieser Klinik. Aber warum stand er jetzt hier an meinem Bett?

»Was machen Sie denn hier?«

»Guten Morgen, Herr Westerwelle.« Die Ernsthaftigkeit in seinem Gesicht und der Tonfall seiner Stimme verunsicherten mich noch mehr.

»Wir werden Sie heute nicht operieren können.«

»Wieso, was ist los?«

»Mit Ihrem Blut ist etwas nicht in Ordnung. Dem muss ein Spezialist nachgehen. Und zwar sofort.«

Was in aller Welt sollte das bedeuten? Die Ärzte, inzwischen standen sie schon zu viert in meinem Zimmer, unterhielten sich mit Worten, die ich kaum kannte. So gut es ging, versuchte ich mir die Fachbegriffe zu merken. Und kaum hatten die vier wenig später mein Zimmer verlassen, um draußen zu beraten, wie es nun mit mir weitergehen sollte, suchte ich im Internet nach den aufgeschnappten Ausdrücken und ihrer Bedeutung.

Sagten Sie leukämisch? Sprachen Sie von Leukozyten?

Ich hatte nach den Buchstaben L, E, U und K das Ä noch nicht einmal getippt, da tat sich hinter der spiegelglatten Oberfläche meines iPads bereits ein Abgrund auf: »Die LEUKÄMIE, umgangssprachlich (und fälschlicherweise) auch als Blutkrebs bezeichnet, ist eine maligne Erkrankung des blutbildenden und lymphatischen Systems. Leukämien zeichnen sich durch stark vermehrte Bildung von weißen Blutzellen (Leukozyten) und vor allem ihrer funktionsuntüchtigen Vorstufen aus. Diese Leukämiezellen breiten sich im Knochenmark aus, verdrängen dort die übliche Blutbildung und treten in der

Regel auch stark vermehrt im peripheren Blut auf. Sie können Leber, Milz, Lymphknoten und weitere Organe infiltrieren und dadurch ihre Funktion beeinträchtigen. Je nach Verlauf unterscheidet man akute und chronische Leukämien. Akute Leukämien sind lebensbedrohliche Erkrankungen, die unbehandelt in wenigen Wochen bis Monaten zum Tode führen.«

Ich rief Michael an.

»Du musst bitte sofort kommen.«

7

Die Hoffnung stirbt zuletzt

Köln, 17. Juni 2014, nachts

Bestimmt irren sich die Ärzte. Mir fehlt nichts! Ich fühle mich so gut und kräftig wie seit Jahren nicht mehr. Ich könnte hier und jetzt dreißig Liegestütze machen und, wäre nicht mein Meniskus im rechten Bein hinüber, die gleiche Zahl an Kniebeugen sofort hinterher.

Leukämie? Niemals!

Im Internet hatte ich gelesen, dass Leukämiekranke oft sehr geschwächt und voller Infektionen ins Krankenhaus eingeliefert werden. Aber keines der Symptome, von denen da die Rede war, spürte ich. Weder fühlte ich mich schlapp und erschöpft, noch plagten mich irgendwelche Entzündungen im Körper. Zumindest nicht, dass ich davon wüsste.

»Am Universitätsklinikum Köln arbeitet einer der führenden Onkologen Deutschlands«, sagte mir der Internist, der mir die Nachricht überbracht hatte. »Wir haben ihn kontaktiert und einen Termin für Sie vereinbart. Sie sollten da am besten sofort hinfahren.«

Inzwischen war auch Michael eingetroffen. Gemeinsam hörten wir fassungslos zu, was der Arzt uns sagte. Ungläubig. Voller Skepsis. Geschockt.

»Bei meinem Kollegen Professor Michael Hallek sind Sie in den besten Händen. Glauben Sie mir.«

Ja, selbstverständlich glaubte ich ihm das. Aber was sollte ich da? Ich kam mir vor wie im falschen Film. Gerade eben hatte ich doch noch mit dem netten Pfleger über seine Reise ans Ende der Welt geredet, und jetzt erzählte mir dessen Vorgesetzter von dem Ende meiner Welt? Und dass ich bei einem Onkologen namens Hallek in besten Händen sei?

Ich neige ja eigentlich nicht zu Kraftausdrücken, aber als Michael und ich über den Vorplatz der Mediapark-Klinik zu unserem Auto gingen, schlug ich mit der flachen Hand gegen meine Stirn und schrie.

»Verdammter Mist, was geht denn hier gerade ab? Das kann doch alles gar nicht wahr sein!«

Doch, es war wahr. Einer Sonnenfinsternis gleich schob sich ein langer Schatten in mein Leben. Das Licht, das ich sah, kippte ins Fahle.

Um kurz nach elf Uhr vormittags erreichten wir die Kerpener Straße. *Universitätskliniken* stand da auf einer Betonwand in großen silbernen Buchstaben geschrieben. Vor dem Eingang des Krankenhauses standen Patienten, die man an ihren Bademänteln und Schlappen erkannte. Michael und ich schauten auf einen Lageplan rechts neben dem Eingang und versuchten, uns darauf zurechtzufinden. Wir sahen ein Geflecht aus Wegen und blauen Quadraten. Jedes dieser Quadrate stand für ein Haus und jedes Haus für eine Station und jede Station für eine andere Krankheit und jede Krankheit für das Schicksal eines Menschen.

Mein Schicksal sollte mich an diesem Frühsommertag in das Haus mit der Nummer 16 führen, ein kleines blaues Rechteck links neben dem Eingang: *Klinik und Poliklinik für Innere Medizin, Hämatologie und Onkologie* stand da geschrieben. Ich blickte wieder auf den Lageplan und versuchte herauszufinden, wo genau wir uns gerade befanden.

Sie sind hier, las ich auf einem dicken roten Punkt.

Ja, ganz allmählich begann ich zu verstehen: Ich bin hier. Aber was zum Teufel soll ich hier?

Wir traten in ein großes, helles Atrium. Das Tageslicht fiel von hoch oben durch gläserne Lamellen hinab in den Raum. Geradeaus ging es zum Kreißsaal, halb links zu Abteilungen, deren Abkürzungen mir nichts sagten. KMT-Station?

Am Ende eines langen Ganges erreichten wir die Notaufnahme. Ich sah Ärzte in blauen Hemden und Hosen. Draußen fuhr gerade ein Rettungswagen heran. Wir öffneten eine Stahltür und standen auf einmal wieder im Freien. Einige Sanitäter lehnten an einem Treppengeländer und rauchten. Nach ein paar Metern sah ich ein weißes zweistöckiges Haus mit großen Sprossenfenstern. Das Haus Nummer 16.

»Nehmen Sie freundlicherweise noch im Wartezimmer Platz, Herr Professor Hallek wird Sie gleich zu sich bitten«, sagte mir eine der Damen am Eingang, nachdem sie meine Daten notiert hatte.

Wir setzten uns. Michael hielt meine Hand. Wir sprachen kein Wort.

Nach einer Weile stand ich auf und ging auf dem Gang vor Professor Halleks Büro auf und ab. Auf einer kleinen Tafel las ich, dass die Ölbilder an der Wand von einer ehemaligen Patientin stammen. Sie war an Leukämie erkrankt und sieben Jahre nach ihrer Stammzelltransplantation aufgrund einer Abstoßungsreaktion erblindet. Da begann sie zu malen.

Ich betrachtete die Bilder. Als ich wieder in das Wartezimmer zurückging, fiel mein Blick auf eine weißgetünchte Leinwand. Darauf, mit einem Pinselstrich so voller Farbe, dass die Paste kleine Hügel formte, die Konturen eines Baumes. Er schien all sein Laub verloren zu haben, wirkte kahl und krank und ausgetrocknet. Das Bild war übersät mit roten Punkten, die wie Tropfen von Blut aussahen.

Sie sind hier.

Tausend Gedanken hämmerten in meinem Kopf.

Seit vielen Jahren schon kenne ich die Berliner Organisation »Kinderleben«. Als der Verein eine Tagesklinik für krebskranke Kinder aufbaute, unterstützte ich das Vorhaben und hielt eine Rede. Als Weihnachten vor der Tür stand, besuchte ich die Kinder und las ihnen eine Geschichte vor. Die Schicksale der Kinder berührten mich sehr, und vielleicht ist das auch ein Grund dafür, dass ich mich für die Anliegen des Vereins zwar engagierte, aber das ganze Ausmaß der Tragik nie ganz an mich heranließ.

Krankheit und Tod waren und sind in meiner Familie natürlich ein Thema. Wie wahrscheinlich in jeder deutschen Familie. Ist ja leider normal. Zum Wesen dieser Normalität gehört, dass sie nicht immer nur Glück und Gesundheit bedeutet. Mein Vater wurde kurz vor seinem Tod zum Pflegefall, und meine Mutter vergisst inzwischen viele Gedanken zu schnell, als dass man noch von Vergesslichkeit sprechen könnte. Und ja, auch der Krebs fraß sich in unsere Familie hinein, kurz und heftig: Ein naher Verwandter von mir erkrankte daran in jungen Jahren – und überlebte.

Nun also ich?

Ich stand im Wartezimmer, schaute auf die Leinwand mit dem kahlen Baum und sagte zu Michael und zu mir selbst: »Nein, das kann nicht sein.«

Erst viel später fiel mir auf, dass Professor Michael Hallek zu jenen wenigen Menschen zählt, die fast immer den Eindruck erwecken, als würden sie lächeln. Ob er wirklich immer so freundlich, besonnen und lebensbejahend ist, wie er mir von unserer ersten Begegnung an erschien, habe ich in all den noch folgenden Monaten nicht herausfinden können. Er hat mir aber auch nie einen Anlass gegeben, daran ernsthaft zu zweifeln.

Professor Hallek ist ein Arzt, wie man ihn sich als Patient wünscht: Nie gleitet seine Ernsthaftigkeit ins Trübselige ab. Nie besteht die Gefahr, seinen Optimismus mit Naivität zu verwechseln. Und nie überschreitet seine Heiterkeit die Grenze zur Sorglosigkeit.

Michael Hallek ist ein stiller Mensch. Aus seiner Vita erfuhr ich, dass er an der Universität Regensburg Medizin studiert hatte, und ich stellte mir vor, dass er wahrscheinlich weniger geredet hatte als alle anderen seiner Kommilitonen. Jedenfalls bestimmt weniger als ich während meines Studiums. Aus dieser Ruhe vermag er eine enorme Verbindlichkeit zu schöpfen. Sein Wort hat Gewicht. Bei den Kollegen, in der Forschung, aber vor allem bei den Patienten.

Michael Halleks Autorität schien mir nie nur in seiner Stellung und seinen Titeln begründet zu sein. Im Gegenteil: Sein leiser nordbayerischer Witz legt vielmehr den Verdacht nahe, dass ihm dieses akademische Dekor herzlich egal ist. Ihm geht es um die Sache seiner Patienten. Ihre Krankheiten, ihre Sorgen, ihre Nöte. Sein Büro befindet sich deshalb auch nicht in einem Elfenbeinturm der Wissenschaft. Es befindet sich im Erdgeschoss von Haus 16, inmitten des Kölner Klinikums. Dort öffnete er uns nun seine Tür.

Verunsichert traten Michael und ich ein. Professor Hallek bat uns, an einem Glastisch Platz zu nehmen.

»Ja«, sagte er, natürlich könne man zu diesem Zeitpunkt noch nicht ausschließen, dass sich die Vermutung als ein Irrtum erweist.

»Ein massiver Mangel an Vitamin B12 kann schon auch ein solches Blutbild wie das Ihrige hervorbringen. Zumal Sie ja keinerlei Anzeichen von Symptomen aufweisen.«

Michael und ich sahen uns an. Ich wusste, was er jetzt dachte. Denn ich dachte das Gleiche.

»Gerade weil Sie aber keine Symptome zeigen und Ihr Allgemeinbefinden prima zu sein scheint, muss die Diagnose zu hundert Prozent sicher sein«, erklärte Hallek. »Denn die Therapie, die Ihnen aller Voraussicht nach bevorsteht, wird nicht einfach.«

Zunächst also ging es darum, Gewissheit zu erlangen. Woher kamen die auffällig veränderten Zellen in meinem Blut? Warum war die Zahl meiner weißen Blutkörperchen, der Leukozyten, alleine von der gestrigen bis zur heutigen Blutentnahme so dramatisch gesunken? Und warum zeigte mein Körper keines der bei einer akuten Leukämie üblichen Symptome? Kein Fieber? Keine geschwollenen Lymphknoten, keine Entzündungen? Keine Blutungen und auch keine Vergrößerungen von Leber und Milz. Einfach nichts.

Wir gingen in ein benachbartes Behandlungszimmer, und Professor Hallek stellte mir eine seiner Kolleginnen vor.

»Frau Doktor Sasse wird Sie nun punktieren, Ihnen also Knochenmark aus dem Beckenkamm entnehmen. Das tut weh. Aber weil Frau Sasse sensiblere Hände hat als ich, wird sie das machen. Wir sprechen uns heute Abend wieder, sobald wir die ersten Laborergebnisse haben.«

Ich zog meine Hosen aus und legte mich bäuchlings auf eine Liege. Frau Sasse betäubte die Einstichstelle über meiner rechten Pobacke und injizierte anschließend eine weitere Betäubung. Dann holte sie eine etwa zwölf Zentimeter lange, mit Plastik ummantelte Metallkanüle aus einer Schublade und riss deren Perforation auf. Was dann geschah, konnte und wollte ich nicht sehen, weil ich meine Augen vor lauter Schmerz zusammenkniff. Aber ich spürte den Druck und das Stechen tief in meinem Becken, als sie mir mit einer Hohlnadel das Mark aus meinem Knochen sog.

Noch immer konnte ich es nicht fassen, was gerade mit mir geschah. Als ich mich wieder ankleidete, wandte ich mich zu der Ärztin.

»Sagen Sie mal, ganz ehrlich: Was würde denn passieren, wenn ich einfach abwarte und nichts mache?«

Frau Sasse schaute mich ungläubig an.

»Sagen Sie es mir bitte.«

»Das hängt davon ab, ob unsere Befürchtung stimmt.«

»Und wenn, was dann?«

»Dann wären Sie sehr wahrscheinlich in einigen Wochen nicht mehr am Leben.«

Michael hatte in einer nahegelegenen Fleischerei ein paar Wurstbrötchen gekauft, denn wir hatten beide seit dem Morgen nichts mehr gegessen und waren hungrig. Jetzt saßen wir nebeneinander an dem langen Esstisch unserer Wohnung, kauten auf den Wurstbrötchen herum und schauten in das dichte Grün des Kölner Stadtwalds.

»Michael, wie kann das sein?«

Wieder und wieder formulierte ich alle Gedanken, die mir nun schon seit Stunden durch den Kopf gingen.

»Ich bin topfit, das kann einfach nicht stimmen. Gestern noch grillen wir hier fröhlich auf der Terrasse, und nicht mal einen Tag später soll ich sterbenskrank sein? Da stimmt doch was nicht!«

Was ich zu diesem Zeitpunkt noch nicht wusste und mir erst viel später erklären ließ: Professor Hallek setzte derweil eine

Maschinerie in Gang, die bei jedem Patienten greift, der mit dem Verdacht einer akuten myeloischen Leukämie zu ihm kommt. Denn wenn sich dieser Verdacht bestätigt, handelt es sich um eine äußerst lebensbedrohliche Krankheit.

Das abgenommene Knochenmark wird noch im Krankenhaus auf einem Objektträger ausgestrichen, speziell eingefärbt und unter dem Mikroskop betrachtet. Parallel dazu beginnt man mit der sogenannten Immunphänotypisierung: Dabei werden bestimmte Merkmale auf der Oberfläche der bösartigen Zellen mit Antikörpern gekennzeichnet. Die Ärzte können so herausfinden, in welchem Entwicklungsstadium sich die Zellen befinden.

In speziellen Labors wird das entnommene Knochenmark nun sowohl zytogenetisch als auch molekulargenetisch untersucht. Vereinfacht ausgedrückt: Die Ärzte suchen nach jenen Veränderungen der Gene, die sie ansonsten niemals entdecken würden. Einige dieser Veränderungen treten in Leukämiezellen sehr häufig auf. Dabei handelt es sich um gebrochene Chromosomen, die sich falsch wieder zusammengesetzt haben. Angenommen, die Bruchstelle trennt wichtige Erbinformationen und vermengt sie mit denen eines anderen Chromosoms, entsteht ein sogenanntes »Fusionsgen«. Dieses Gen produziert kaputte Eiweiße. Und diese kaputten Eiweiße sind wiederum ursächlich für die Entstehung einer Leukämie. Eine exakte Diagnose ist nicht nur wichtig, um letzte Gewissheit zu erlangen. Anhand ihrer können die Mediziner auch Rückschlüsse auf den Krankheitsverlauf ziehen und die Therapie danach ausrichten.

All diese Tests fanden in unterschiedlichen Laboren statt, und deren Ergebnisse flossen nun aus verschiedenen deutschen Städten wieder zurück in das Büro von Michael Hallek. Der Verdacht des Professors erhärtete sich nicht von jetzt auf gleich, sondern Schritt für Schritt, Tag für Tag und Nacht für Nacht.

Die Gewissheit meiner Katastrophe näherte sich schleichend, aber stetig.

»Kenne deinen Feind und kenne dich selbst, und in hundert Schlachten wirst du nie in Gefahr geraten«, schreibt der chinesische Philosoph Sun Tsu, und es ist das Motto eines Kapitels in dem Buch *Der König aller Krankheiten*. Der Umkehrschluss: »Kenne weder dich selbst noch deinen Feind, und du wirst in jeder Schlacht unterliegen.«

Wer also bin ich? Und wer ist mein Feind?, fragte ich mich. Und was genau ist eine Leukämie? Ich habe viel mit meinen Ärzten darüber gesprochen und jede Menge Bücher zu diesem Thema gelesen. Bis ich aber detailliert zu verstehen begann, was in meinem Blut geschah, vergingen Monate.

Fragte ich befreundete Mediziner nach einer guten Lektüre über das rätselhafte Wesen der Krankheit, nannten sie fast immer das erwähnte Buch des amerikanischen Arztes Siddhartha Mukherjee. Darin steht, dass es nicht nur furchterregend sei, unter Leukämie zu leiden. Es sei auch furchterregend, sie behandeln zu müssen. Vielleicht, weil die Erkrankung überall im Körper zu sein scheint. Sie ist, wo Blut fließt, und wo Blut fließt, ist sie. Nur leider spreche das Blut nicht direkt zu uns, warne uns nicht, rufe nicht um Hilfe. Stattdessen sprechen andere Organe: die Milz, die Leber, der Darm, die Lunge. Sie alle werden immer schwächer, Erschöpfung und Infektionen breiten sich aus.

Krebs ist auf einmal da. Unvermittelt, ohne vorherige Ankündigung. Zu der Diagnose gesellt sich deshalb immer auch der Schock. Der Krebs, schrieb Susan Sontag einmal, sei eine Krankheit, die nicht anklopfe, bevor sie in das Leben eines Menschen trete.

Als Leukämie bezeichnet man alle bösartigen Krebserkrankungen des Knochenmarks. »Krebs in einer seiner explosivsten und aggressivsten Form«, schreibt Mukherjee. In ihrer akuten Ausprägung breitet sich die Krankheit meist mit rasender Geschwindigkeit aus.

»Man könnte auch an eine katastrophale Algenpest denken, die allmählich den ganzen Sauerstoffvorrat des Meeres verbraucht, bis alle Fische, Meerestiere und Pflanzen zu sterben beginnen«, beschrieb der Autor Dieter Wellershoff einmal sehr eindrücklich die Leukämie. »Der Wind kann nicht mehr genug Sauerstoff in das trübe Wasser mischen, und die an Land schwappenden Wellen häufen an den Stränden einen immer breiteren und höheren Wall eines klebrigen weißen Schaumes auf, dessen fauligen Geruch man bis weit ins Innenland riechen kann. Es ist wuchernd entgleistes Leben, das sich selbst tötet.«

Am Anfang ist es nur eine Zelle im Knochenmark eines Menschen, die sich anders verhält, als sie soll. Über die Gründe dafür kann man nur spekulieren: War der Betroffene einer extrem hohen Strahlendosis ausgesetzt? Hat er im Laufe seines Lebens zu viele chemische Schadstoffe eingeatmet? Die Wissenschaft glaubt inzwischen, einige Auslöser solcher Zellmutationen zu kennen. Diese Auslöser jedoch im Leben eines Betroffenen genau zu benennen ist noch immer so gut wie unmöglich.

Entscheidend aber ist: Alle Blutzellen im Körper eines Menschen stammen aus einer Zelle im Knochenmark, der Stammzelle. Normalerweise teilen und reifen die Blutzellen nach einem genau festgelegten Plan. Bei einer Leukämie aber ist dieser Plan außer Kraft gesetzt: Eine (warum auch immer) genetisch veränderte Zelle bleibt von den Abwehrmechanismen des Körpers unentdeckt und beginnt daraufhin, ihr Unwesen zu treiben. Sie vermehrt sich unkontrolliert, und das auch noch extrem schnell. Die kaputten weißen Blutkörperchen nisten sich im Knochenmark ein. Sie verdrängen dort immer mehr die gesunden Zellen. In der Folge kippt das Blut: Die Zahl der Leukozyten sinkt, im Körper der Erkrankten häufen sich Infektionen.

»Ich hatte schon Patienten«, erzählte mir einer meiner Ärzte, »die kamen zu uns, weil eine Wunde nach einer Zahnbehandlung partout nicht mehr zu bluten aufhörte.« Diese Geschichte ist keine Seltenheit. Immer wieder stehen vor einer Leukämie-Diagnose ein rätselhaftes Bluten, eine Infektion, blaue Flecken oder auch stark vergrößerte Lymphknoten.

Der Berliner Arzt Rudolf Virchow zählte im Jahr 1845 zu den ersten Entdeckern des Phänomens, dass die Zahl der weißen Blutkörperchen plötzlich und schlagartig sinkt. Seitdem zerbrechen sich Mediziner aus aller Welt und allen Generationen den Kopf über die Gründe der Erkrankung und deren Bekämpfung. Von einer Heilung konnte aber auch fast eineinhalb Jahrhunderte später nie die Rede sein – die Diagnose Leukämie mündete fast immer in den sicheren Tod.

Erst in der zweiten Hälfte des 20. Jahrhunderts machte die Forschung immer größere Fortschritte. Zum wachsenden Verständnis der Krankheit trug nun bei, sie in verschiedene Arten zu unterteilen. Vereinfacht gesagt: einerseits in chronische und akute Leukämien, andererseits in myeloische und lymphatische Leukämien. Letztere differenzieren sich aufgrund ihrer Entstehung, Erstere aufgrund ihres Verlaufs. Chronische Leukämien entfalten sich schleichend, akute Leukämien dramatisch schnell.

Ich erinnere mich an einen Vorfall, der mich noch heute schockiert: Ein 27-jähriger Mann kam zu uns auf die Station. Für einen so jungen Menschen ist das eher ungewöhnlich, denn Leukämien gelten eigentlich als Alterskrankheiten. Von den ungefähr zehntausend Menschen, die in Deutschland jedes Jahr erkranken, sind nur sechs Prozent unter 15 Jahre alt. Bei jeder vierten Leukämie handelt es sich um eine AML, jene Art also, die bei mir festgestellt werden sollte – und unter der auch der junge Mann litt. Allerdings in einem sehr fortgeschrittenen Stadium: Er fieberte und war voller Infektionen. Nur 48 Stunden nach seiner Einlieferung war er tot.

Akute Leukämien eskalieren oft innerhalb weniger Tage. Denn die weißen Blutkörperchen sind Abwehrzellen und gehören zum Immunsystem eines jeden Menschen. Sie attackieren Krankheitserreger und beseitigen in der Regel auch mutierte Zellen. Somit schützen sie einen Körper auch vor sich selbst und seinen eigenen Defiziten. Bei einer AML bricht die Immunabwehr zusammen, Blutgerinnung und Sauerstoffversorgung versagen. Ein Organ nach dem anderen kollabiert. In den Körpern der Betroffenen setzt eine Kettenreaktion ein, die nur ein Ende kennt. Nämlich *das* Ende.

Ein befreundeter Arzt erklärte mir das am Telefon einmal sehr anschaulich: »Du musst dir dein Blut als Teich vorstellen. Am ersten Tag schwimmt eine kaputte Seerose in diesem Teich. Am zweiten Tag zwei und am dritten Tag vier. Dann acht, dann sechzehn und so weiter. Jeden Tag verdoppelt sich die Zahl der kaputten Seerosen. Am vorletzten Tag ist noch immer die Hälfte des Teichs nicht von Seerosen bedeckt. Am letzten Tag jedoch verdoppelt sich die Hälfte, und schlagartig ist kein Wasser mehr zu sehen.«

Der Faktor Zeit spielt also eine wesentliche Rolle. Und da hatte ich ein schier unfassbares Glück im Unglück: Meine Leukämie war zwar schon ausgebrochen, aber sie hatte sich noch nicht zu erkennen gegeben. Weder fühlte ich mich schlapp, noch litt ich unter irgendwelchen Infektionen. Im Gegenteil: Ich schwamm, spielte Golf, machte Fitnesstraining – und wäre mein rechtes Knie nicht am Neujahrstag kaputtgegangen, wäre ich noch zusätzlich wöchentlich viele Kilometer gejoggt. Wahrscheinlich deshalb war der Neujahrstag auf der Uferpromenade von Portixol mein Glückstag. Hätte ich mir damals nicht meinen Meniskus verletzt, wäre ich mit Sicherheit erst viel später zum Arzt gegangen.

Ich machte mir in den vielen schweren Monaten, die noch folgen sollten, oft Gedanken über die Macht des Schicksals. Hätten wir die Wahl gewonnen, wäre ich wahrscheinlich Außenminister geblieben. Irgendwann hätte ich mich müde und erschöpft gefühlt. So lange wie möglich hätte ich versucht, durchzuhalten. Irgendwann wäre das nicht mehr möglich gewesen. Ich hätte den Kölner Internisten meines Vertrauens angerufen und ihn gebeten, mir Vitamine zu spritzen. Ich hätte nicht verstanden, dass mein Körper keine Maschine ist, ich hätte weitergemacht, immer weiter. Und ich hätte Zeit verloren, wertvolle Zeit. Irgendwann wäre ich eingeliefert worden. Wahrscheinlich in die Charité oder in das Berliner Rudolf-Virchow-Krankenhaus. Vielleicht wäre es mir dort wie dem 27-jährigen Mann gegangen. Vielleicht aber auch nicht.

Wer weiß das schon.

Die Welt, in der wir leben, ist nicht vorbestimmt. Der Zufall ist ein steter Begleiter unseres Daseins. Mal nennt er sich Pech, mal nennt er sich Glück. In einem Fall mutiert die Zelle, im anderen Fall mutiert sie nicht. Womöglich hat mir die Wahlniederlage das Leben gerettet, womöglich hat sie mich krank gemacht. Ich weiß es nicht. Niemand weiß es. Und keiner wird es jemals wissen.

»Der Eintritt in die Politik«, schrieb der Dichter und Essayist Hans Magnus Enzensberger einmal, sei der »Abschied vom Leben, der Kuss des Todes«. Ich konnte mich mit dieser Sichtweise niemals anfreunden. Politik war für mich stets das

Gegenteil dessen. Deshalb auch dachte ich viel darüber nach, ob der abrupte Abschied von der Politik womöglich der Anfang meiner Krankheit war.

Am frühen Abend des Tages, an dem eigentlich mein Knie hätte operiert werden sollen, klingelte mein Telefon.

»Hallek hier. Bitte kommen Sie doch noch mal zu mir ins Krankenhaus. Wir haben jetzt die ersten Befunde.«

Ich weiß nicht mehr, mit welchen Gefühlen Michael und ich erneut ins Auto stiegen und die wenigen Kilometer hinüber zum Universitätsklinikum fuhren. Unsere Wohnung liegt ja nur ein paar Minuten von der Kerpener Straße entfernt. Ich kann mich aber daran erinnern, dass wir dieses Mal in die Tiefgarage des Krankenhauses fuhren, um möglichst unentdeckt zu bleiben.

Wir setzten uns wieder an den Glastisch. Michael Hallek machte nicht viel Aufhebens und eröffnete mir ohne Umschweife die Wahrheit. Genau darum hatte ich ihn auch von Anfang an gebeten: mir immer zu sagen, was wirklich ist. Mich nie zu verschonen und nichts an meinem Zustand zu beschönigen. Ich wollte wissen, woran ich bin.

»Sie leiden mit hoher Wahrscheinlichkeit an einer AML, einer akuten myeloischen Leukämie.«

»Wie hoch?«

»Bei unserem derzeitigen Wissensstand zu etwa achtzig Prozent. Im Laufe der kommenden Tage bekommen wir endgültige Klarheit.«

Hallek erklärte mir, dass die AML zu den bei Erwachsenen am häufigsten vorkommende Arten der Leukämie zählt. Ursache sei die genetische Veränderung einer Blutzelle. Diese Veränderung führe dazu, dass die Zelle sich unkontrolliert zu teilen beginne. Schneller und aggressiver als die gesunden Zellen.

Michael und ich sahen uns an. Ich wollte den Professor fragen, wie hoch meine Überlebenschance war. Aber ich versuchte, diesen Gedanken weit von mir zu schieben.

»Wie geht es jetzt weiter?«, fragte Michael.

»Um die richtige Therapie festzulegen, müssen wir die Struktur der Chromosomen kennen. So eine Analyse ist ziemlich komplex und dauert entsprechend lange. Wir müssen also einerseits Geduld haben und dürfen andererseits nicht unnötig Zeit verlieren.«

Noch kannte auch Professor Hallek nicht das ganze Ausmaß meiner Erkrankung. Noch sprachen wir nicht über all die dramatischen Momente und Entscheidungen, die im Sommer, Herbst und Winter noch folgen würden. Noch saß ich an seinem Glastisch und klammerte mich voller Verzweiflung an den letzten Strohhalm, den ich greifen konnte: die Hoffnung, es handle sich um ein gewaltiges Missverständnis.

Irgendwann fragte ich dann doch, wie hoch meine Überlebenschance sei.

»Die Veränderungen in Ihrem Blut«, sagte Hallek, »sind nicht mit dem vereinbar, was wir Leben nennen. Sollte sich deshalb die Diagnose bestätigen, müssen wir handeln.«

Hallek vermied es, sich mir gegenüber auf das Spiel mit Zahlen und Wahrscheinlichkeiten einzulassen. Und dennoch vermittelte er mir das Gefühl, ein untrügliches Gespür für die Realitäten in meinem Körper zu besitzen.

Als der Professor uns erklärte, was an meinem Zustand so gefährlich sei, folgte ich ihm zunächst so aufmerksam und konzentriert, als spräche er nicht über mich. Mein Ich war ein anderer in diesem Moment: Ein bemitleidenswerter, todkranker Mann von 52 Jahren, der die Wirklichkeit nicht so sehen wollte, wie sie war, und noch immer nicht begriffen hatte, dass er spätestens jetzt lernen musste, was ihm seit jeher doch am schwersten fiel: anderen Menschen zu vertrauen.

Man muss vertrauen, um nicht verrückt zu werden. So oder so ähnlich lautete ein Satz, den mir einige Monate später ein Unbekannter schrieb, der diesen Satz wiederum in einem Buch des Autors Georg Diez über den Krebs gelesen hatte. Und: »Die Art, wie man dem Krebs medizinisch begegnet, sagt auch etwas darüber aus, wie man dem Leben entgegentritt.« Ein Arzt sei dabei nie nur ein Arzt. Er sei ein Gefährte auf unsicherem Terrain.

»Sie werden zweifeln«, sagte Hallek. »Das ist für einen Mann wie Sie auch nicht unüblich. Sie werden allerlei Dinge im Internet lesen. Auch das ist normal.«

Ich nickte.

»Sie werden überlegen, warum ausgerechnet Sie an Leukämie erkrankt sind. Ob Sie vielleicht zu viel im Flugzeug unterwegs waren, ob Sie ungesund gelebt haben. Der Stress, der wenige Schlaf. Alles Unfug.« Hallek machte eine Pause und schaute mich an. »Irgendwann werden Sie feststellen, dass Ihnen diese Selbstbefragung Ihres bisherigen Lebens nicht viel hilft. Weil sie keine Antworten auf Ihre Fragen liefert. Sie raubt Ihnen nur den Mut.«

Woher wusste er das?

»Sammeln Sie stattdessen Ihre Kräfte. Denn die werden Sie brauchen. Und lassen Sie sich irgendwann fallen. Fassen Sie Vertrauen zu meinen Kollegen und mir. Mit der richtigen Therapie können Sie diese Krankheit überleben. Und diese Therapie werden wir nun für Sie entwickeln.«

Ein guter Arzt, heißt es gemeinhin, findet nicht nur die richtige Diagnose, sondern auch die richtigen Worte. In diesem Augenblick wurde mir bewusst: Michael Hallek musste wohl ein sehr guter Arzt sein. Denn die Barriere zwischen mir und dem skeptischen kranken Mann, von dem er soeben gesprochen hatte, begann zu bröckeln. Ich begann zu akzeptieren, dass ich möglicherweise krank war.

Mehr aber auch nicht.

»Bitte nehmen Sie es nicht persönlich, lieber Herr Hallek«, sagte ich und fühlte mich unwohl, den Satz zu vervollständigen, »aber ich möchte gerne eine zweite Meinung einholen. Habe ich noch so viel Zeit?«

Es spricht für die Souveränität von Michael Hallek, dass er mich mit festem Blick ansah und antwortete: »Ja, diese Zeit haben wir. Holen Sie sich eine zweite Meinung. Nichts anderes habe ich erwartet und hätte Ihnen auch dazu geraten. Sie sollen später nicht das Gefühl haben, irgendetwas versäumt zu haben.«

Es war bereits dämmrig draußen, als wir zurück zu unserer Wohnung fuhren. Noch lange saßen wir schweigend auf der Terrasse und blickten in die anbrechende Nacht.

8

Die Verwandlung

Köln, 20. Juni 2014

Am nächsten Morgen fühlte ich mich so, wie sich Gregor Samsa in Franz Kafkas Erzählung *Die Verwandlung* gefühlt haben muss: Aus unruhigen Träumen in einem fremden, mir unheimlich anmutenden Körper erwacht.

Was ist mit mir geschehen?, fragte ich mich. Es war kein Traum. Auf dem Nachttisch neben meinem Bett lag mein iPad, in dem ich gestern bis spät in die Nacht nach Informationen über meine Krankheit gesucht hatte. Mein Blick richtete sich zum Fenster. Die Sonne schien, und doch fühlte sich der neue Tag so traurig und trübselig an, als würden wie in der Erzählung Regentropfen auf dem Fensterbrett aufschlagen.

Wie wäre es, wenn ich noch ein wenig weiterschlafen und die Ereignisse des gestrigen Tages vergessen würde, überlegte ich, aber das war gänzlich undenkbar, denn auch ohne jede Bewegung spürte ich einen völlig unbekannten leichten, dumpfen Schmerz in meiner Beckengegend. Einen Schmerz, der mich an das erinnerte, was ich eigentlich vergessen wollte.

Der Kampf gegen den Krebs ist immer auch ein Kampf um die richtigen Informationen. Denn die Krankheit ist schlau, und sie weiß sich zu tarnen. Sie versteckt sich im Körper, macht sich lange unsichtbar, bevor sie zuschlägt und sich nimmt, was sie zum eigenen Überleben braucht: das Leben des anderen.

Den Krebs zu verstehen, schreibt Mukherjee, heißt auch zu akzeptieren, dass wir es mit einer Krankheit zu tun haben, die vom Leben wahrscheinlich mindestens ebenso viel versteht wie wir selbst. Denn Krebs ist nichts anderes als wucherndes Leben. Bösartiges Leben jedoch, Leben, das mit dem, was der Mensch als Leben versteht, auf Dauer nicht vereinbar ist.

Um diesen Feind mit seinen eigenen Waffen schlagen zu können, müssen wir alles über ihn wissen, seine Stärken ebenso wie seine Schwächen kennen. Bei der Behandlung sollte jeder Schlag ein Treffer sein, denn dieser Gegner ist wendig und lernt schnell, bestraft Fehleinschätzungen sofort. Deshalb ist die Präzision der Diagnose so entscheidend, weil sich aus ihr alles ableitet, was in den kommenden Wochen und Monaten folgt: zunächst die Art der Chemotherapie, ihre Intensität, ihre Dauer, ihre Frequenz und die exakte Medikation. Reicht all das? Oder ist das Genmaterial derart kaputt, dass der Krebs immer wieder einen Angriff auf das Leben seines Opfers unternimmt? In diesem Fall würde nur eine Transplantation fremder Stammzellen dem Patienten helfen. Wie aber muss dann die Chemotherapie genau geplant werden? Und in welchen Zeiträumen? Wann beginnt die Suche nach einem Spender? Und wie genau muss dessen Spende beschaffen sein? Stimmt die Eiweißstruktur überein? Sind die Virus-Vorerkrankungen identisch? Findet man überhaupt einen Spender?

Und was, wenn nicht?

Ich hatte gestern Nacht noch stundenlang im Internet gelesen und war darüber fast verrückt geworden. Was mir dort jenseits der schulmedizinischen Fakten alles an Ratschlägen und vermeintlichem Expertenwissen entgegenschwappte, war ungeheuerlich. In den endlosen Weiten des Internets nutzen dubiose Anbieter die Unsicherheiten der Betroffenen für ihre Geschäfte aus. Handaufleger und Schamanen bieten ihre zweifelhaften Dienste an, bewirtschaften mit einem Produkt namens Hoffnung geschickt die Ängste und Nöte der Patienten. Auf der Suche nach Informationen hatte ich mich in einem Gestrüpp aus echtem Wissen und falschen Versprechungen beinahe verheddert.

Ich beschloss deshalb, die besagte zweite Meinung so schnell wie möglich einzuholen. Und zwar nicht im Internet, sondern an einer anderen Klinik.

Am Vormittag des nächsten Tages brachen wir in Richtung Aachen auf. Am dortigen Universitätsklinikum hatten wir einen Termin bekommen. Abhängig vom Votum des Arztes wollten wir uns noch auf der Rückfahrt nach Köln entscheiden, wie es weitergehen sollte. Das nahmen wir uns zumindest fest vor, als wir auf der Autobahn von Köln in Richtung Nordwesten fuhren.

Wir würden es der Familie und den Freunden sagen. Vor allem meinem Bruder Kai. Wir würden die Öffentlichkeit informieren, damit ich mich in der Kölner Klinik voll auf meine Krankheit konzentrieren konnte und kein Versteckspiel betreiben musste. Ich würde so schnell wie möglich mit der Chemotherapie beginnen, um nicht noch mehr Zeit zu verlieren. Ich würde mein Schicksal akzeptieren und verinnerlichen, dass die schreckliche Diagnose auch wirklich stimmte. Vor allem jedoch würde ich mir selbst vertrauen, dass ich stark und mutig genug war, den Krebs in mir zu besiegen.

Und genauso kam es dann auch, als wir einige Stunden später wieder von Aachen nach Köln zurückfuhren. Denn der Arzt in Aachen war sich seiner Sache sehr sicher gewesen. Es täte ihm leid, hatte er gesagt, mir das so klar und deutlich mitteilen zu müssen: Aber seiner Einschätzung nach leide ich nicht zu achtzig Prozent an einer AML – »sondern zu 95 Prozent«.

Zu Hause angekommen, setzte ich mich an meinen Schreibtisch. Ich legte einen Packen weißes Papier vor mich und nahm den Füller in die Hand. Ich wollte nichts vergessen und keinen Gedanken verlieren. Alles wollte ich fortan festhalten: Erinnerungen an meine Ängste und Hoffnungen, aber auch mich selbst – und das, was von mir übrig bleiben würde. Ich schrieb, um zu verstehen, was gerade geschah und noch geschehen würde. Ich schrieb, um meine Sorgen in den Griff zu bekommen und nicht dem Selbstmitleid zu verfallen. Denn Selbstmitleid wäre wahrscheinlich für niemanden gut: nicht für Michael, nicht für die Ärzte, nicht für die anderen Patienten und am wenigsten für mich selbst. Ich schrieb, obwohl ich nicht gerne schrieb. Ich schrieb, um Haltung zu bewahren. Ich schrieb, um Mensch zu bleiben.

Mit dem 17. Juni verbinden die meisten Menschen den Volksaufstand am 17. Juni 1953 in der untergegangenen DDR. An den offiziellen Würdigungen der Frauen und Männer dieses ersten großen Massenaufstandes in der Herrschaftssphäre der damaligen Sowjetunion habe ich in den verschiedensten öffentlichen Ämtern, die ich in meinem Leben innehatte, teilgenommen. Künftig denke ich aber an diesem Tag wohl an etwas anderes: Es war der 17. Juni 2014, an dem ich erfahren habe, dass ich an akuter Leukämie erkrankt bin. Völlig unvorbereitet, ohne die geringsten Symptome, gewissermaßen zufällig und aus heiterem Himmel.

Ich legte den Stift zur Seite und griff nach meinem Telefon. Erst wählte ich die Mobilnummer meines Bruders Kai und bat ihn, noch am Abend vorbeizukommen. Anschließend informierte ich meine engsten Freunde und den Büroleiter meiner Stiftung in Berlin. Ich erklärte ihm die Lage und bat ihn, für den nächsten Tag eine kurze Pressemitteilung vorzubereiten, damit keine Gerüchte entstehen und die Medien mich während meiner Behandlung in Ruhe lassen. Zum Schluss wählte ich die Nummer von Professor Hallek und fragte ihn nach einem Termin am späten Nachmittag.

»Klar, kommen Sie vorbei«, antwortete er.

»Ich würde gerne so bald wie möglich mit der Behandlung beginnen«, sagte ich ihm, als ich kurze Zeit später gemeinsam mit Michael wieder an dem Glastisch in seinem Büro Platz genommen hatte.

»Am liebsten gleich morgen.«

»Damit habe ich gerechnet«, sagte Hallek. »Wir haben ein Zimmer für Sie auf der 16 reserviert.«

»Auf der 16?«

»Auf der Onkologie. Die wird auch Station 16 genannt, weil sie im 16. Stock des Hochhauses untergebracht ist. Eine schöne und modern eingerichtete Station. Sehr fähiges und freundliches Personal dort. Und ein super Blick über die Stadt. Wird Ihnen gefallen.« Er machte eine kurze Pause. »Ich meine, soweit man da von ›gefallen‹ sprechen kann.«

Hallek erklärte mir, welche Untersuchungen morgen gemacht würden und was ich alles mitbringen solle. Man werde in der Nähe des Schlüsselbeins einen zentralen Venenkatheter (ZVK) legen.

»Wir nehmen Ihnen Blut ab, untersuchen die Lunge und das Herz und checken noch ein paar andere wichtige Parameter. Am Samstag beginnen wir dann gleich in der Früh mit der Chemotherapie.«

Hallek beugte sich zu Michael.

»Auch auf Sie, lieber Herr Mronz, kommt jetzt eine schwere Zeit zu.«

»Das ahne ich«, sagte Michael. »Aber ich vertraue Ihnen zu hundert Prozent. Ich vertraue Ihnen so sehr, dass ich Ihnen das Wichtigste anvertraue, was ich habe. Meinen Mann.«

Wir schüttelten uns zum Abschied die Hände.

»Das sollten Sie übrigens bitte bald für eine gewisse Zeit nicht mehr machen«, sagte Hallek zu mir. »Anderen Menschen die Hand geben.«

»Wieso?«, fragte ich ihn.

»Mit Beginn der Chemotherapie müssen Sie alles versuchen, um Infektionen zu vermeiden. Sie sollten sich möglichst nirgendwo anstecken und deshalb auch mit dem Händeschütteln eher sparsam umgehen.«

Zu diesem Zeitpunkt wusste ich nicht, dass dies der letzte Händedruck für sehr lange Zeit gewesen sein sollte. Ich hatte ja keine Ahnung, dass ich auch noch über ein Jahr später andere Menschen nur mit einem Nicken begrüßen würde. Das war wahrscheinlich gut so, denn wer weiß, ob ich sonst so zuversichtlich auf das geblickt hätte, was mich erwartete.

Abends saßen wir am Wohnzimmertisch und sprachen uns gegenseitig Mut zu. Mein Bruder Kai war gekommen und erfrischte die Diskussion mit seinem rationalen und kenntnisreichen Geist. Gemeinsam leerten wir eine von zwei Flaschen Bordeaux, die seit einigen Jahren in unserem Weinregal darauf gewartet hatten, zu einem besonderen Anlass getrunken zu werden.

»Die erste Flasche jetzt«, erklärte Michael feierlich, »die zweite, wenn du alles überstanden hast.«

Dann umarmten wir uns und ließen lange, sehr lange, nicht voneinander los.

Und als ich ziemlich genau 24 Stunden später alleine auf der Bettkante in meinem Zimmer im 16. Stock der Kölner Universitätsklinik saß, da bildete ich mir ein, diese Umarmung noch immer zu spüren.

Mein Körper kippte zur Seite, und ich ließ meinen Kopf auf das Kissen sinken. Ich griff nach dem iPad und surfte auf meine Facebook-Seite.

Der Leiter des Büros der Westerwelle Foundation, Alexander Vogel, teilt mit: Der Gründer der Westerwelle Foundation und ehemalige Bundesaußenminister, Dr. Guido Westerwelle, ist an einer akuten Leukämie erkrankt. Guido Westerwelle befindet sich bereits in medizinischer Behandlung mit dem Ziel einer vollständigen gesundheitlichen Genesung. Wir bitten, auch im Namen von Guido Westerwelle und seiner Familie, von Nachfragen abzusehen. Weitere Auskünfte können nicht gegeben werden.

Ich schob die Hülle über das Display. Dann stand ich auf, zog den Vorhang etwas zur Seite und blickte auf das Lichtermeer der Stadt. Ich dachte an Kiew und daran, dass sich schon damals böse Zellen in meinem Blut vermehrt haben könnten. Dass es tatsächlich so war und später von Professor Hallek auch nachgewiesen werden konnte, wusste ich zu diesem Zeitpunkt aber noch nicht.

Ich legte mich zurück ins Bett und versuchte zu schlafen. Doch es ging nicht. Ich war gewohnt, auf der rechten Seite zu schlafen, konnte mich aber in meinem gegenwärtigen Zustand nicht in diese Lage bringen. Das Ventil des ZVK würde sonst auf meinen Brustkorb drücken. Wieder dachte ich an jene berühmten Sätze in der Geschichte über die Verwandlung eines Menschen in ein hilfloses, auf dem Rücken liegendes Insekt.

Ich betrachtete meine Beine. Mein Blick fiel auf mein rechtes, rasiertes Knie. Damit hatte alles angefangen. Vor drei Tagen in der Mediapark-Klinik, als der junge Pfleger mir von seiner Reise nach Australien erzählte. Oder war es früher, bei den Tennisplätzen im New Yorker Central Park? Oder noch früher, an Neujahr auf der Uferpromenade von Portixol? Oder tatsächlich schon in Kiew?

Ich fragte mich, in welchem Moment meine Krankheit eigentlich begonnen haben könnte. Und wo? Ich strich mit meinen Fingerkuppen über die glatte Haut.

Und warum?

Ich tastete nach den Schläuchen, die unterhalb des Schlüsselbeins aus meinem Körper hingen. Nie wieder während dieser ganzen schweren Zeit sollte ich mich so einsam und verloren fühlen wie in diesem Augenblick.

Ich weinte.

9

Auf der Station 16

Köln, 23. Juni 2014

Die Frage, ab wann genau man eigentlich krank ist, hatte mich die halbe Nacht nicht schlafen lassen. Immer wieder waren meine Gedanken darum gekreist. Als ich mir früh am Morgen die Zähne putzte, blickte ich im Spiegel meines Badezimmers in zwei müde und verquollene Augen.

Nachdem ich mich geduscht und ein frisches Hemd vom Bügel gezogen hatte, wurde mir das Dilemma meiner inneren Zerrissenheit schlagartig bewusst. Ich musste feststellen, dass ich das Hemd nicht anziehen konnte. Es ging nicht. Durch die Ventile des Venenkatheters spannte der Stoff über meiner Brust so sehr, dass ich den Versuch bald aufgab, das Hemd noch weiter zuzuknöpfen. Also zog ich ein weißes T-Shirt an. Aber auch das wollte nicht recht passen: Die Schläuche scheuerten an dem Textil, bei jeder Bewegung bogen sich die Ventile in alle Richtungen und zogen an meiner Brust.

Ich schlüpfte wieder in das weite und vorne geöffnete Oberteil meines Schlafanzugs und streifte die Jeans von meinen Beinen. Auch die Lederschuhe stellte ich zurück in den Schrank und zog stattdessen blaue Plastikschlappen an. Ich musste akzeptieren, dass ich hier war, weil ich krank war. Und nicht, weil ich jemand anderen im Krankenhaus besuchte.

Aber genau das fiel mir so unendlich schwer in den ersten

Tagen auf der Station 16: zu begreifen, dass wirklich ich es war, der plötzlich krank war. Mit aller Macht und allen Mitteln stemmte ich mich gegen die Erkenntnis meiner Verwandlung von einem vollkommen gesunden in einen vollkommen maladen Mensch. Das Einzige, was ich spürte, hatte ja nicht direkt etwas mit der Krankheit zu tun: Meine Hüfte drückte wegen der Punktierung, und meine Brust schmerzte wegen dieses Katheters. Der Krebs hingegen erschien mir weiterhin so unsichtbar wie ein Phantom.

Krank war ich, weil meine Blutwerte diesen Verdacht nahelegten. Weil die Ärzte es mir sagten. Weil meine Freunde auf die Nachricht so schockiert reagiert hatten. Weil es auf meiner Facebook-Seite stand. Weil ich Hunderte Briefe und Mails aus aller Welt bekam, die mir Mut zusprachen. Weil ich an den Vormittagen und Nachmittagen in Schlafanzug und Schlappen in meinem Zimmer umherschlich und die Chemotherapie über mich ergehen ließ. Krank war ich, weil ich im Krankenhaus war. Nicht, weil ich mich krank fühlte.

Zumindest noch nicht.

Vielmehr fühlte ich mich regelrecht ausgeliefert, und wahrscheinlich deshalb legte ich so großen Wert auf die Symbolik eines normalen Alltags. Die Tage in Schlafanzug und Badelatschen zu verbringen hatte bisher nicht zu meinem Alltag gezählt. Auch nicht auf Mallorca. Und mir unentwegt von anderen sagen lassen zu müssen, was ich zu tun und zu lassen habe, gehörte auch nicht zu meinem Selbstbild.

Ich steckte deshalb, so habe ich es zumindest empfunden, in einer Zwickmühle zwischen Macht und Ohnmacht: Einerseits wusste ich genau, dass ich nur dann wieder gesund werden würde, wenn ich den Ärzten und dem Pflegepersonal vertraue, mich in ihre Hände begebe und loslasse. Kurzum, wenn ich nicht nur rational, sondern auch emotional akzeptiere, dass ich

Hilfe brauche, weil ich krank bin und ohne diese Hilfe sterben würde.

Andererseits hatte man mir gesagt, Disziplin sei sehr wichtig für meine Genesung. In dieser Hinsicht machte ich mir keine Sorgen: Denn was Selbstbeherrschung und Konsequenz bedeutet, hatte ich schon seit früher Kindheit eingeimpft bekommen. Beides zusammen aber schien mir unmöglich. Wie sollte ich es schaffen, so zu bleiben, wie ich bin, gleichzeitig aber lernen, die Dinge einfach laufenzulassen?

Vielleicht waren es letztlich weniger die Ärzte und Angehörigen, die mir dabei halfen, meinen Zustand anzunehmen. Ziemlich sicher waren es die anderen Patienten. Einige von ihnen hatten zunächst natürlich etwas irritiert dreingeblickt, als sie mich das erste Mal mit dem Infusionsständer auf den Gängen der Station entlanglaufen sahen. Kommt ja auch nicht alle Tage vor, dass einem ein Mensch, den man nur aus dem Fernsehen kennt, im Bademantel über den Weg läuft. Unmittelbar danach jedoch setzte bei meinen Mitpatienten fast immer ein Effekt ein, den ich im Laufe der kommenden Monate noch öfter bemerkte.

Krebs ist eine egalisierende Krankheit. Sie erscheint uns so mächtig, dass sie die Betroffenen zu einer Schicksalsgemeinschaft formt. An Krebs zu leiden verbindet die Patienten miteinander und reduziert sie auf die elementaren Dinge des Lebens: Mann oder Frau. Alt oder jung. Gesund oder krank. Reichtum spielt keine Rolle, Herkunft und Hautfarbe auch nicht. Und Prominenz? Erst recht nicht.

Susan Sontag schrieb einmal: »Krankheit ist die Nachtseite des Lebens, eine eher lästige Staatsbürgerschaft. Jeder, der geboren wird, besitzt zwei Staatsbürgerschaften, eine im Reich des Gesunden und eine im Reich der Kranken. Und wenn wir alle es auch vorziehen, nur den guten Ruf zu benutzen, früher oder später ist doch jeder von uns gezwungen, wenigstens für eine Weile, sich als Bürger jenes anderen Ortes auszuweisen.«

Krankheit und Gesundheit gehören zusammen. Sie lassen sich genauso unmöglich voneinander trennen wie die Nacht vom Tag und das Leben vom Tod. Das eine bedingt das andere. Und weil uns die Diagnose Krebs so existenziell wie das Leben selbst erscheint, fegt und wischt sie alle Differenzen und Hierarchien beiseite. Auf der Kölner Station 16 – wie auch auf allen anderen Krebsstationen dieser Welt – blicken die Patienten alle in denselben tiefen Abgrund.

Krebs gilt heute als die Geißel der Menschheit schlechthin, schreibt Siddhartha Mukherjee. Womöglich auch deshalb, weil sich die anderen großen Plagen wie Pocken, Tuberkulose oder Typhus lange Zeit weltweit auf dem Rückzug befanden und einzig der Krebs als unbesiegbar galt. Alleine in Deutschland wird jedes Jahr bei etwa einer halben Million Menschen Krebs diagnostiziert. Diese Zahl steigt kontinuierlich an, was sich vor allem mit der starken Zunahme des Durchschnittsalters der Bundesbürger erklären lässt.

Gerade jedoch in den vergangenen zwanzig Jahren hat die Forschung große Fortschritte erzielt. Die Medikamente wirken inzwischen präziser und sind für die Patienten wesentlich besser verträglich, als das früher der Fall war. Auch die Errungenschaften der Genforschung verändern die Sichtweise auf den Krebs zunehmend. Das wiederum hat Konsequenzen für das Verständnis der möglichen Ursachen sowie die Art der Therapie.

Wir stehen vor einer Zeitenwende, erklärte mir Professor Hallek in unseren vielen Gesprächen. So gut wie alles, was man mithilfe der Chemotherapie erreichen könne, habe man mittlerweile erreicht. Aufgrund der starken Nebenwirkungen sei es aber unbedingt erforderlich, nach besseren Methoden zu forschen.

Noch gibt es keine Alternativen zur Strahlen- und Chemotherapie. Noch immer pumpt man Zellgift in die Blutbahn der Erkrankten, um den Tumor zu töten. Noch immer bombardiert man das Gewebe mit ionisierter Strahlung, um die kaputten Zellen damit unschädlich zu machen. Ob diese Praxis aber auch in zehn, zwanzig Jahren noch das Maß aller Dinge sein wird? Da war sich Hallek nicht so sicher.

Allerdings ist die Chemotherapie von heute mit der Chemotherapie von einst in keiner Weise zu vergleichen.

»Wenn wir den Tumor nicht umbrachten, brachten wir den Patienten um«, zitiert Siddhartha Mukherjee den amerikanischen Hämatologen William Moloney. Mit anderen Worten: Noch bis vor gar nicht langer Zeit verschrieben die Ärzte ihren Patienten oft so hohe chemotherapeutische Dosen, dass die Kranken dem Tod bald näher als dem Leben waren. Gleichzeitig gab es noch kaum Mittel gegen die Übelkeit, sodass die sterbenskranken Menschen sich quasi unentwegt übergeben mussten.

Hinzu kam, dass lange Jahre das Märchen, es gäbe eine Art »Krebspersönlichkeit«, nicht aus der Welt zu schaffen war. Mit anderen Worten: Der Kranke sei aufgrund seiner Neigung, Gefühle zu unterdrücken und Ärgernisse in sich hineinzufressen, sozusagen selbst schuld an seiner Erkrankung. Für die Patienten bedeutete dies, dass sie nicht nur die Krankheit und die enorm belastende Behandlung ertragen mussten, sondern sich auch noch dem Vorwurf ausgesetzt sahen, sich aufgrund ihrer Persönlichkeit selbst in diese Lage gebracht zu haben. Das ist natürlich längst als Irrglaube entlarvt, und auch die Therapien haben sich hinsichtlich ihrer körperlichen Verträglichkeit enorm verbessert.

Das Prinzip einer Chemotherapie hat sich hingegen kaum verändert: Es bedeutet weiterhin, den Teufel mit dem Beelzebub auszutreiben. Oder, wie es eine an Leukämie erkrankte Künstlerin einmal im *Spiegel* formulierte: »Den Krebs zu behandeln ist, als verprügelte man einen Hund mit einem Stock, um seine Flöhe zu vertreiben.«

Das Ziel der Therapie besteht deshalb darin, eine Balance zu finden zwischen der Absicht, die Tumorzellen zu vernichten, und dem Bestreben, die gesunden Zellen einigermaßen zu verschonen. Sämtliche Wirkungen und Nebenwirkungen leiten sich also aus der Erkenntnis ab, dass sich Tumorzellen schneller als die meisten anderen Zellen teilen und vermehren. Um das Wachstum des Tumors zu stoppen, greifen die chemotherapeutischen Substanzen gezielt all jene Zellen an, die sich schnell teilen: die Haarfollikel, die Epithelzellen in den Schleimhäuten und natürlich die blutbildenden Zellen.

»In einer normalen Zelle«, schreibt Siddhartha Mukherjee, seien Zellteilung und Zelltod durch effiziente genetische Steuerungsmechanismen reguliert. »In einer Krebszelle sind diese Steuerungsmechanismen gestört, und es entsteht eine Zelle, die nicht mehr zu wachsen aufhört.« Der Zellteilung verdankt der Mensch also nicht nur sein Leben, sondern sie fordert bisweilen auch seinen Tod. »Bösartiges Wachstum und gesundes Wachstum sind genetisch so eng verwandt, dass ihre Entflechtung eine der größten wissenschaftlichen Herausforderungen der Menschheit sein könnte«, so Mukherjee.

Damit die bösartigen Zellen auch wirklich alle zerstört werden, muss die Dosierung des Zellgifts entsprechend hoch sein. Für die Patienten zieht das schwere Nebenwirkungen nach sich. Um diese Reaktionen möglichst in Grenzen zu halten, werden Antibiotika gegen bakterielle Infekte, Mittel gegen mögliche Blutarmut und Pilze verabreicht. Mit Vorsicht und Desinfektionsmitteln bekämpfte ich die Gefahr, mir irgendein Virus einzufangen. Und mit Disziplin hielt ich jenen Rest meines gewohnten Lebens zusammen, der noch nicht in Trümmern lag.

Eine hochdosierte Chemotherapie war auch in meinem Fall das Mittel der Wahl. Es ging darum, die rasch fortschreitende Leukämie so entschlossen wie möglich in die Defensive zu drängen. Bald schon würde Professor Hallek die gentechnischen Analysen meiner bösartigen Zellen erhalten und dann beurteilen können, ob die bisherige Therapie ausreichte. Oder ob ich nur mithilfe einer Stammzellenspende eine realistische Überlebenschance haben würde. Doch darüber machte ich mir in den ersten Tagen auf der Station 16 noch keine Gedanken.

Stattdessen beschäftigte mich die Chemotherapie. Immer wieder hatte ich in der Vergangenheit davon gehört, aber richtig auseinandergesetzt habe ich mich damit eigentlich kaum. Das war jetzt natürlich anders.

Jeden Tag tropfte der Inhalt großer Plastikbeutel in meine Adern. Die Pfleger fassten die Beutel und Schläuche nur mit dicken Gummihandschuhen an, so toxisch und gefährlich ist das Zellgift. Nur verdünnt ist dieses Zeug verträglich, verdünnt mit meinem kranken Blut. Cytarabin und Mitoxantron heißen die Stoffe, von denen sich die Ärzte die Vernichtung meiner Leukämie-Zellen und eine sogenannte Remission erwarteten. Von einer Remission sprechen die Mediziner, wenn der prozentuale Anteil der bösartigen Zellen im Knochenmark auf unter fünf fällt. Ob es allerdings zu dieser erwünschten Remission gekommen ist, kann erst einige Wochen nach Beginn der Therapie festgestellt werden.

Wieder wird dann das Knochenmark punktiert, wieder eingeschickt und wieder analysiert. Wieder bangen die Patienten. Sie hoffen, dass die Prozedur geholfen hat und keine kranken Zellen mehr nachzuweisen sind.

links: Im Alter von etwa vier Jahren am Ostseestrand.

unten: Im Einsatz an einem Infostand der Jungen Liberalen, 1984.

Am 26. März 1984 wurde der ranghöchste deutsche General Günter Kießling von Bundesverteidigungsminister Manfred Wörner in den ehrenhaften Ruhestand verabschiedet. Kießling war zuvor im Dezember 1983 als »Sicherheitsrisiko« eingestuft worden – allein wegen des Verdachts, er sei homosexuell und daher »erpressbar«.

nedig, November 1999. »Der Satz ›Ich bin schwul‹ ging mir damals zwar noch nicht über Lippen. So weit war ich damals einfach noch nicht. Aber jeder, der es wollte, konnte die :schaft aus den Bildern herauslesen.«

ks: Mit Hans-Dietrich Genscher, 1986. »Als Sie den ersten großen Schritt in die Politik an haben, rief mich Ihr Vater an und sagte mir, ich solle meine Hand über den Jungen ten.« (Brief Hans-Dietrich Genschers an Guido Westerwelle)

oben: Mai 2001, Spritztour mit Angela Merkel in einem VW Käfer Cabrio.
unten: Dezember 2001, mit den Eltern, Heinz und Erika Westerwelle, zur Feier des 40. Geburtstags

›8, Besuch eines Pferdegestüts bei Bonn.

Berlin, 8. November 2011: mit Michael Mronz und Hillary Clinton, Außenministerin der USA, im Gespräch am Rande des »Freedom's Challenge Dinner«.

20. Februar 2011: Guido Westerwelle bringt die Journalisten Jens Koch (l.) und Marcus Hellwig (r.), deren Freilassung er in langwierigen nächtlichen Verhandlungen durchgesetzt hat, nach ihrer monatelangen Inhaftierung im Iran mit einer Regierungsmaschine nach Berlin zurück.

ıhrir-Platz, Kairo, 24. Februar 2011

ratung des UN-Sicherheitsrates am 12. Juli 2011 in New York unter dem Vorsitz
utschlands: Guido Westerwelle leitet die offene Debatte zum Thema »Kinder und
waffnete Konflikte«.

Bergisch Gladbach, 1. September 2011: Guido Westerwelle verlässt das Grandhotel Schloss Bensberg bei der Klausurtagung der FDP-Bundestagsfraktion, um ein Statement zur Lage in Libyen abzugeben.

lit US-Präsident Barack Obama und dessen Gattin Michelle bei
rer Ankunft in Berlin, 18. Juni 2013.

ew, 5. Dezember 2013: Guido Westerwelle nimmt mit den ukrainischen Oppositions-
rern Vitali Klitschko und Arenij Jazenjuk die Proteste auf dem Maidan in Augenschein,
Hintergrund Box-Weltmeister Wladimir Klitschko.

Berlin, 17. Dezember 2013: Amtsübergabe an den Nachfolger, Frank-Walter Steinmeier.

New York, 8. April 2014: Treffen mit dem Friedensnobelpreisträger und ehemaligen Außenminister der USA, Henry Kissinger.

Der Bundespräsident

23. Juni 2014

Lieber Herr Westerwelle,
mit Erschrecken und Betroffenheit habe ich von Ihrer Erkrankung erfahren. Ich mußte in diesen Tagen oft an Sie denken. Von Herzen wünsche ich Ihnen vollständige Genesung. Ich wünsche Ihnen Kraft und Geduld für die kommende Zeit – um die Therapie wirksam werden zu lassen, um den Einschnitt in Ihr so aktives Leben verarbeiten zu können.
Wie schön, daß es Menschen in Ihrer Nähe gibt, die Ihnen nahe sind.

Mit allen guten Wünschen und herzlichen Grüßen an Sie und Michael Mronz

Ihr Joachim Gauck

Brief des Bundespräsidenten Joachim Gauck, 23. Juni 2014.

Besuch von José Carreras in Köln, 21. Juli 2014.

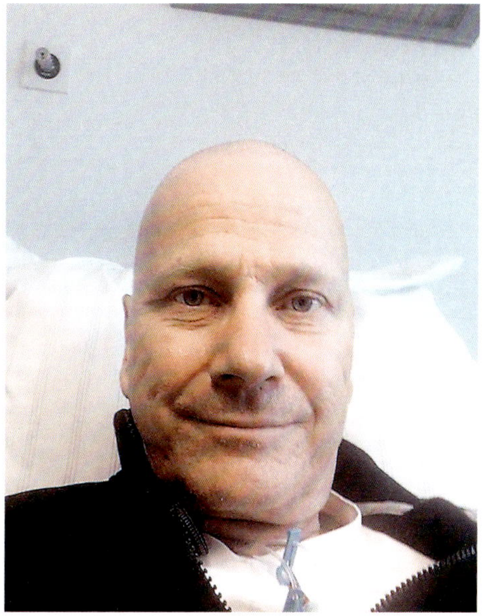

Wenige Tage vor der Stammzell-
transplantation auf der KMT-Station
der Uniklinik Köln.

ıfie mit Ehemann Michael Mronz bei stürmischem Wetter im ersten Winter
ch der Stammzelltransplantation, Portixol, Palma de Mallorca.

Köln, 24. Oktober 2014, mit Michael Mronz beim Besuch einer Vernissage des Künstlers Otto Piene.

rechts: Gut 10 Monate liegen zwischen den beiden Besuchen des CHIO (Weltfest des Pferdesports) in Aachen. Oben Juli 2014, unten mit Michael Mronz Ende Mai 2015.

Mallorca, Juni 2015

Es dauerte ein paar Tage, bis ich mich auf meine neue Umgebung einzulassen begann. Wie ein scheues Tier wagte ich mich jeden Tag einige Meter weiter raus auf den Gang vor meinem Zimmer. Trotz meiner ausdrücklichen Bitte um Diskretion und Ruhe hatte mich dort schon gleich am ersten Tag nach meinem Einzug auf der Station ein Journalist verfolgt. Er behauptete, für eine Zeitung zu arbeiten, und fragte mich nach meinem Befinden.

»Wer sind Sie?«, fragte ich ihn fassungslos und schob den Infusionsständer mit der ersten Chemotherapie zurück in Richtung meines Zimmers.

Der Mann antwortete nicht, sondern stellte mir immer weitere Fragen.

»Sagen Sie mir bitte, wer Sie sind!« Wieder bekam ich statt einer Antwort nur weitere Fragen gestellt. Auch als ich den Mann darum bat, mich endlich in Frieden zu lassen, blieb er hartnäckig. Er weigerte sich, die Station zu verlassen. Erst als Michael und ein gemeinsamer Freund von uns ihn zurück zum Aufzug drängten, gab er nach. Ich weiß nicht, welches Gefühl mich in diesem Moment am meisten bewegte: das der Verletztheit, das des Ärgers oder das meiner Scham gegenüber den anderen Patienten auf der Station 16.

Die Ärzte rieten mir, das Zimmer nochmals zu wechseln, und meine Krankenakte führten sie unter einem Decknamen, damit auch wirklich alle Daten vertraulich blieben. Außerdem tauschten sie das Türschild vor meinem neuen Zimmer aus und hatten ein wachsames Auge für ungebetene Gäste. Zum Gefühl meiner vollständigen Verwandlung trug bei, dass ich nun nicht mehr Guido Westerwelle hieß. Bis zum Tag meiner endgültigen Entlassung firmierte ich unter dem Namen Paul Frings. Und trotzdem dauerte es nach diesem Vorfall einige Tage, bis ich mich wieder gänzlich unbefangen auf den Gängen bewegte.

Der Alltag der insgesamt 64 Patienten auf der Station 16 ist zweigeteilt. Vormittags findet die Visite statt, die Pfleger tauschen die Infusionen aus, messen die Temperatur, den Blutdruck und den Puls.

Danach reinigen die Putzleute das Zimmer, wechseln die Wäsche und wischen den Boden. Keine halbe Stunde vergeht, in der nicht irgendetwas geschieht. Erst nach dem Mittagessen kehrt Ruhe ein. Die meisten Patienten schlafen jetzt. Auf der Station wechselt die Schicht. Und die Atmosphäre. Im Aufenthaltsraum, einem vielleicht zehn Quadratmeter großen Eck mit einer Couch, einem braunen Klavier und ein paar Puzzle-Spielen im Regal, riecht es bald nach frischgebrühtem Kaffee, den die Patienten sich ab dem frühen Nachmittag einschenken dürfen.

In der Anfangsphase meiner Chemotherapie, als die Nebenwirkungen mich noch nicht mit voller Wucht erfasst hatten, saß ich des Öfteren hier. Ich unterhielt mich mit den anderen Patienten oder schaute mir mit ihnen in einem kleinen Nebenraum die Spiele der deutschen Fußballnationalmannschaft an. In Brasilien fand ja gerade die Weltmeisterschaft statt.

Einmal schickte mir Michael ein kurzes Video aus dem Campo Bahia, dem WM-Quartier unserer Mannschaft. Darin standen Roman Weidenfeller, Thomas Müller und Bastian Schweinsteiger in ihren Trainingsanzügen und sprachen in die Kamera: »Lieber Guido, deine Jungs hier in Campo grüßen dich. Du stehst den Kampf durch. Wir von der Nationalmannschaft denken an dich und wünschen dir gute Besserung!«

Ich war den dreien schon gelegentlich begegnet. Aber es wäre zu viel gesagt, wenn ich behauptete, dass wir uns wirklich kannten. Umso mehr freute ich mich, dass sie an mich dachten und mir Grüße schickten. Wie es mich überhaupt freute und mir Zuversicht gab, dass sich so viele Menschen bei mir meldeten: Im Berliner Büro meiner Stiftung stapelten sich Blumen und Botschaften. Und auch im Krankenhaus erreichten mich unzählige Briefe, Faxe und Mails.

Michael, den die Ärzte ermutigt hatten, sich für alle Belange jenseits der Medizin zuständig zu fühlen, orchestrierte all das im Hintergrund. Er hatte mich wenige Tage nach meinem Einzug auf der Station mit einem sogenannten »Guido-Kalender« überrascht, in dem er jeden Tag eine kleine Überraschung platzierte: Mal war es ein Foto von uns beiden im Garten unseres Hauses auf Mallorca, mal ein besonders aufbauender Brief eines Unbekannten, mal die Grußbotschaft der drei Jungs aus Brasilien.

Mein Mann wuchs in den folgenden Monaten über sich hinaus. Er besuchte mich täglich mehrmals im Krankenhaus, er kümmerte sich um seine Firma, er organisierte das größte Reitsportfestival der Welt, er war trotzdem immer da, wenn ich ihn brauchte. Und ich brauchte ihn oft. Die Ärzte steuerten meinen Körper, Michael meine Emotionen. Er spürte, wenn es mir schlecht ging, und fand in jeder Situation heraus, wie er gerade meine Stimmung aufhellen konnte.

Während meines gesamten politischen Lebens habe ich viele, wenn nicht gar unzählige Reden darüber gehalten, was es bedeutet, in einer Verantwortungsgemeinschaft zu leben. Jetzt aber erfuhr ich geradezu am eigenen Leib, wie absurd und falsch die Argumente jener sind, die eine rechtliche Gleichstellung gleichgeschlechtlicher Paare bis heute blockieren. Warum sollte die Beziehung von Michael und mir weniger wert sein als die der jungen Frau ein paar Zimmer weiter zu ihrem Ehemann? Was, außer Borniertheit, steht einer Gleichstellung denn bitte entgegen? Diejenigen, die noch immer meinen, gleichgeschlechtliche Ehen seien weniger tief und tragend als

»klassische« Ehen, haben nicht verstanden, worum es in Wirklichkeit geht. Gewiss nicht nur um Sex, selbst wenn das bei homosexuellen Partnerschaften schon allein sprachlich viel zu dominant im Vordergrund steht. Es geht in erster Linie um das, wonach sich alle Menschen sehnen – und zwar unabhängig von ihrer sexuellen Orientierung: um Liebe und Geborgenheit.

Noch immer dürfen Schwule und Lesben in Deutschland allenfalls eine eingetragene Lebenspartnerschaft schließen. Aber keine Ehe. Sie haben weniger Rechte, aber die gleichen Pflichten. Und das, obwohl beide Partner die volle Verantwortung füreinander übernehmen. Schuld daran sind die Unionsparteien – und teilweise leider auch die FDP. Wie wirklichkeitsfremd solche politischen Ansichten sein können, wurde mir mit jedem Tag bewusster, an dem Michael mich trug und tröstete, mich in den Arm nahm und sich um meine Seele sorgte.

Natürlich plagte mich das schlechte Gewissen: Was mute ich ihm alles zu? Was für große Lasten hänge ich an seine Schultern? Wie sehr belaste ich unsere Beziehung?

Nach und nach las ich mich durch die vielen Briefe, die mir Michael jeden Tag auf die Station brachte. Noch hatte ich die Kraft dazu, denn die Nebenwirkungen der Chemotherapie, vor allem aber die sogenannte Aplasie, hatten noch nicht eingesetzt. Aplasie nennen die Ärzte jene Phase, in der infolge der Chemotherapie die Zahl der Leukozyten im Blut unter einen bestimmten Wert sinkt und der Körper kein neues Blut mehr produziert. Damit einher geht eine starke Schwächung der Abwehrkräfte und eine entsprechend erhebliche Anfälligkeit für Infektionen jedweder Art. Ich wusste nicht genau, was mich erwarten würde, aber von anderen Patienten hörte ich nichts Gutes über diese Phase.

Botschafter aus aller Welt hatten mir geschrieben. Zum Teil

kannte ich sie gar nicht persönlich oder hatte ihren Namen noch nicht einmal gehört, dennoch bewegte mich ihre Anteilnahme sehr. Gleiches galt für die Briefe vieler deutscher Politikerkollegen. Der Bundespräsident Joachim Gauck wünschte mir Kraft und Geduld für die kommende Zeit. »Um die Therapie wirksam werden zu lassen, um den Einschnitt in Ihr so aktives Leben verarbeiten zu können.«

Mein langjähriger Parteifreund Hans-Dietrich Genscher schrieb mir: »Es bedarf wohl eines Schicksalsschlages wie dem Ihrer Erkrankung, um bewusst zu machen, wie sehr über die Jahre ein ganz enges, von Respekt und Zuneigung bestimmtes Verhältnis gewachsen ist.« Genscher erzählte mir, wie er im Alter von nur 19 Jahren die Diagnose erhalten habe, an einer schweren Tuberkulose erkrankt zu sein. Vier seiner fünf Lungenlappen waren bereits befallen. In der medizinisch mangelhaften Versorgungslage unmittelbar nach dem Krieg verhieß das nichts Gutes. Genscher traf damals auf einen Arzt, der ihm ohne jedwede Beschönigung den Befund eröffnet habe: Die Medizin könne nicht viel ausrichten, er müsse jetzt selbst um sein Leben kämpfen. »Lieber Herr Westerwelle, Ihre Ausgangslage ist günstiger. Deshalb sage ich Ihnen jetzt ohne jede Beschönigung: Sie sind stark genug, den Kampf aufzunehmen, und Sie werden es schaffen!« Und dann fügte er noch ein paar Sätze hinzu, für die ich ihm besonders dankbar war: »Als Sie den ersten großen Schritt in die Politik getan haben, rief mich Ihr Vater an und sagte mir, ich solle meine Hand über den Jungen halten. Daran musste ich am Wochenende immer wieder denken. Sie können in jeder Hinsicht auf mich zählen. Wenn ich etwas tun kann, bitte lassen Sie es mich wissen. Ich bin für Sie da, was immer es sein mag. Manchmal hilft ja schon ein Gespräch.«

Viele ehemalige Krebspatienten berichteten mir in Briefen

und Postkarten von ihrem Kampf und gaben mir Tipps. Einige duzten mich, denn das ist unter Betroffenen so üblich. Zum Beispiel eine Frau, die mir so sehr aus der Seele sprach: »Wichtig ist, dass Du nicht komplett aus der Welt fällst. Es besteht die Gefahr, in so ein Krebs-Paralleluniversum abzudriften. Du bist plötzlich nicht mehr Guido mit allen Vorzügen und Macken, sondern bloß noch der Typ mit der Leukämie. Das ist bei einer öffentlichen Person wie Dir bestimmt noch viel schlimmer als bei einer Nobody-Frau wie mir. Selbst enge Freunde behandeln Dich plötzlich anders, weil sie unsicher sind. Dabei bist Du doch derselbe – bloß mit diesem beschissenen Krebs. Also wichtig: Du HAST Leukämie, aber Du BIST nicht die Leukämie. Auch wenn es sich während der Therapie so anfühlt, als gäbe es nichts anderes als diesen fiesen Untermieter, der sich ungefragt eingenistet hat – lass das nicht zu! Die Aussagen in den Medien, dass Du schon so viele Kämpfe durchgestanden hast, finde ich in diesem Zusammenhang voll daneben. Kämpfe im Job sind etwas völlig anderes als der existentielle Kampf um die Gesundheit. Und deshalb sage ich nur: Du schaffst das, weil Du stark bist, bestimmt gute Ärzte an Deiner Seite hast und vor allem Deinen Mann, der das mit Dir durchsteht.«

Dann war da noch dieser Brief einer Familie aus Norddeutschland: ein Ehepaar mit ihrem kleinen Sohn, der von Geburt an schwerstbehindert war und kurz nach seiner Geburt auch noch an Leukämie erkrankte. Auf einem Foto sah ich die beiden stolzen Eltern und ihren Sohn in einem Fußballstadion. »Wir haben Ihren Lebensgefährten Herrn Mronz im Fernsehen gesehen, wie er in einem Interview von Ihrer Erkrankung erzählte. Dabei ging es nicht nur um Sie und Ihre Erkrankung, sondern um alle Menschen, die Ähnliches durchmachen. Es hat uns total berührt, wie er anderen, auch uns, Kraft, Glück, Hoffnung und Stärke gewünscht hat.«

In dem Kuvert befand sich außer dem Brief noch ein kleiner Plastikbeutel mit zwei buntbemalten Kügelchen.

»Zur Unterstützung haben wir hier für Sie zwei Mutperlen.« Die erkrankten Kinder bekommen nach jedem Eingriff eine davon, sammeln sie an einem Band und vergleichen auf dem Gang, wer schon welche Behandlung hinter sich und die längste Kette habe. »Heute bekommen Sie von uns zwei Mutperlen: die orangefarbene bekommen die Kinder für die Chemotherapie, die andere nennen sie den Chemo-Kasper. Wir wünschen Ihnen die gleiche Kraft, den gleichen Mut, die gleiche Stärke, die gleiche Hoffnung und das gleiche Glück, das Ihr Lebensgefährte in dem Fernsehinterview uns gewünscht hat. Und wir sind uns sicher, dass Sie das schaffen.«

Ich nahm die beiden Mutperlen aus dem Beutel und verschloss sie fest in meiner rechten Hand. Erst viel später, kurz bevor das Abendessen kam, legte ich sie in das Regal neben meinem Bett.

Der Zuspruch der Menschen war enorm. Er half mir – und er half auch Michael. Noch am Abend vor meiner ersten Chemotherapie hatte ihn Angela Merkel auf seinem Mobiltelefon angerufen und sich auch nach seinem Zustand erkundigt. Sie redete Michael gut zu und versicherte ihm, dass ich mich wirklich in den besten ärztlichen Händen befände. Sie habe sich genau erkundigt und über Professor Hallek ausnahmslos Positives vernommen.

Die Bundeskanzlerin meldete sich in den folgenden Wochen immer wieder. Mal bei Michael, mal bei mir. Meist schickte sie eine kurze SMS und fragte, ob es gerade passe. Anschließend telefonierten wir, und ich war immer wieder verblüfft, wie genau und präzise sie informiert war, wie kenntnisreich ihre Nachfragen und wie wissend ihre Anregungen. Da war nicht nur eine stets besorgte Weggefährtin am anderen Ende der

Leitung, da sprach immer auch der analytische Geist einer Naturwissenschaftlerin.

Ich lag in meinem Bett und schaute auf die Silhouette Kölns. Mein Blick wanderte von links, wo ich in der Ferne die Spitzen des Müngersdorfer Stadiondachs erkannte, bis ganz nach rechts, wo der Dom steht. Ich sah das Hochhaus am Mediapark, und ich sah die Baumkronen des Stadtwaldes. Schon bizarr, dachte ich mir. Dort unten am Stadtwald ist unsere Wohnung. Wahrscheinlich isst Michael gerade zu Abend und besucht mich dann noch auf der Station.

In dem Moment klopfte es. Professor Hallek trat durch die Tür und setzte sich auf einen Stuhl neben meinem Bett. Er begrüßte mich mit einem Nicken.

»Guten Abend, Herr Westerwelle. Ich möchte etwas Wichtiges mit Ihnen besprechen.«

10

Der Anfang vom Ende

Köln, 16. Juli 2014

Die genetische Zusammensetzung meines Blutes, das hatten nun alle Analysen ergeben, galt in keiner Weise als normal. Meine Chromosomen waren verschoben und derart kaputt, dass Professor Hallek von »komplex aberranten Veränderungen« sprach. Mit anderen Worten: Die Chemotherapie würde mich nicht retten, weil sich die Leukämie damit nicht endgültig zurückdrängen ließe. Eine Stammzelltransplantation sei erforderlich, um die Leukämie zu besiegen. Ich hatte so etwas schon geahnt. Aber nun, da sich meine Befürchtung bestätigte, bekam ich es erneut mit der Angst zu tun.

»Ich bin mir sehr sicher, dass wir einen geeigneten Spender finden werden«, beruhigte mich Hallek. »Die erste Phase Ihrer Chemotherapie liegt nun fast hinter Ihnen. Nach ein paar Ruhetagen wird die zweite Phase Ihre Tumorlast reduzieren und die Leukämie zurückdrängen. Dann ruhen Sie abermals aus und sammeln außerhalb der Klinik Kraft. Höchstwahrscheinlich finden wir sehr bald einen Spender und können Sie schon innerhalb der ersten Remission transplantieren. Das wäre der Idealfall.«

»Was heißt Idealfall?«, fragte ich.

»Idealfall heißt zunächst einmal, dass wir bei einer erneuten Punktierung keine weiteren Krebszellen finden, aber sehr bald danach einen geeigneten Spender. Anschließend bereiten wir Sie in der KMT-Station auf die Transplantation vor, und danach geht es hoffentlich wieder stetig bergauf mit Ihnen.«

»KMT?«

»'tschuldigung. Die Abkürzung steht für Knochenmarktransplantation. Eigentlich ein veralteter Begriff, den wir aber beibehalten haben. Auf der KMT-Station herrschen sehr besondere hygienische Bedingungen, weil die Patienten dort in einem sehr fragilen Zustand sind. Sie werden dort optimal überwacht und betreut. Einige Tage vor der Transplantation werden wir mit einer Ganzkörperbestrahlung Ihr krankes Knochenmark zerstören, damit die neuen Stammzellen dann gut anwachsen und neues Blut produzieren können.«

»Gesundes Blut«, sagte ich.

»Gesundes Blut«, wiederholte Hallek. »Wenn das jemand schafft, dann sind Sie es. So habe ich Sie zumindest in den vergangenen Tagen kennengelernt.«

Ich lächelte etwas gequält. Einerseits, weil ich mich über das Kompliment freute, andererseits aber wusste ich ebenso gut, dass Hallek mir in dieser Situation sicherlich nichts Gegenteiliges anvertraut hätte. Er verstand es wie kaum ein Zweiter, schlechte Nachrichten zu verpacken und gute Nachrichten genau dann einzusetzen, wenn man sie am dringendsten benötigte.

Nun war also klar: Es ging um alles oder nichts. Zum Überleben brauchte ich neue Stammzellen, denn die Erbinformationen meiner eigenen Zellen waren derart demoliert, dass sie sich immer wieder falsch und bösartig reproduzieren würden. Ohne eine solche Spende wäre meine Chance gleich null. Und mit solch einer Spende lag sie bei etwa 55 Prozent.

Die Ärzte machten mir große Hoffnungen, dass sich mit

hoher Wahrscheinlichkeit ein geeigneter Spender in den Dateien finden werde. Vor allem ein Mann mit dem schwerlich auszusprechenden Namen Doktor Alexander Shimabukuro-Vornhagen tat sich dabei hervor. Shimabukuro tauchte nun immer öfter in meinem Zimmer auf, denn die Stammzelltransplantation ist sein Spezialgebiet.

Er war es auch, der mir in groben Zügen erklärte, worauf es jetzt ankam. Er tat das auf eine so anschauliche Art und Weise, dass ich ihn schon bald nicht nur für seine offensichtliche fachliche Kompetenz schätzte, sondern auch für sein Einfühlungsvermögen.

»Schauen Sie sich mich doch mal genau an«, sagte er eines Tages zu mir. »Ich würde wahrscheinlich nie einen geeigneten Spender finden.«

»Wieso das denn?«, fragte ich und musterte Shimabukuro von Kopf bis Fuß.

»Meine Mutter ist Deutsche, und mein Vater ist Japaner, aber in Peru aufgewachsen. Noch Fragen?«

»Ja. Was wollen Sie mir damit sagen?«

»Es gibt Spenderdateien in Deutschland, Japan, den USA und vielen anderen Ländern dieser Erde. Sofern Ihre Herkunft einigermaßen gewöhnlich ist, haben Sie super Chancen. Bei mir ist das eher nicht der Fall. Ich bin eine ziemlich wilde Kreuzung aus verschiedenen Genpools. Sie aber …«, sagte Shimabukuro und begann zu lächeln, weil er wohl wusste, was ich als Nächstes sagen würde.

»Ich aber bin so ein total gewöhnlicher Langweiler aus Bonn, was?«

»Das haben *Sie* gesagt«, antwortete Shimabukuro lachend.

Je früher die Transplantation stattfinden würde, umso größer wäre meine Chance, zu überleben. Während nun alle Spenderdateien nach einem für mich geeigneten Kandidaten durchsucht wurden, bereitete ich mich auf den zweiten Zyklus meiner Chemotherapie vor. Die ersten vier Tage hatte ich gut überstanden, danach folgten vier Tage Pause, nun wartete ich abermals auf den nächsten viertägigen Chemo-Block. Danach würden wieder vier Tage Ruhe folgen, und dann durfte ich mich endlich wieder auf zu Hause freuen.

Wie bei allen anderen Patienten auch traf mich die Wirkung der Chemotherapie zeitverzögert, dann jedoch mit voller Wucht. Es begann mit einer Entzündung meiner Mundschleimhaut. Ich spülte meinen Rachen mit allerlei Tinkturen, doch das nützte wenig. Das Schlucken tat mir trotzdem weh, und am Ende half mir ein altes Hausmittel am besten: Ich gurgelte mit Salbeitee.

Dann erfasste mich eine große, schier unermesslich lähmende Müdigkeit. Die Ärzte erklärten mir, dass ich nicht nur deutlich weniger weiße, sondern auch weniger rote Blutkörperchen im Körper hätte. Letztere jedoch transportierten den Sauerstoff, und ohne ausreichend Sauerstoff fühle man sich eben schlapp und erschöpft.

Plötzlich bekam ich hohes Fieber. Ich lag in meinem Bett und spürte, wie die Hitze in mir hochkroch. Mich schüttelte es vor Kälte. Ich schwitzte und fror zugleich, wie ich noch nie in meinem Leben geschwitzt und gefroren habe. Die Reaktionen meines Körpers wurden mir immer fremder, jeder Gang auf die Toilette eine Tortur. Immerhin schaffte ich zumindest das noch ohne fremde Hilfe. Zu allem anderen jedoch, zum Gehen auf den Gängen, zum Treten auf dem Ergometer in meinem Zimmer, fehlte mir jetzt die Kraft.

Meine Lunge entzündete sich. Die Ärzte hängten immer neue Infusionen an meinen Venenkatheter. Irgendwann hieß es, am Katheter selbst könne sich ein Entzündungsherd gebildet haben. Also raus damit. Auf der Station schoben sie mir jetzt auf der linken Brustseite einen neuen Schlauch durch die Vene bis zum Herzen. Das Fieber sank, das Schlottern und das Schwitzen wurde allmählich weniger. Als ich nach einigen Tagen aus diesem Zustand erwachte, hatte ich zehn Kilo abgenommen und zum ersten Mal eine Ahnung davon bekommen, was Aplasie bedeutet.

Meine Blutbildung war inzwischen zum Erliegen gekommen. Die Zahl der Leukozyten weit unter die magische Schallmauer von 500 gefallen. Das Immunsystem meines Körpers war am Boden. Ich verließ mein Zimmer nun nicht mehr, um mir draußen auf dem Gang oder im Aufenthaltsraum bloß nichts einzufangen. Abends hörte ich von fern den Jubel, wenn die deutsche Mannschaft in Brasilien wieder mal ein Tor geschossen hatte. Manchmal lag ich im Bett und starrte stundenlang an die Wand. Meistens jedoch schlief ich oder dämmerte einfach nur teilnahmslos vor mich hin.

Meine Haare fielen mir nun büschelweise aus. Ich bat eine Krankenschwester, mir auch den noch verbliebenen Rest abzuschneiden, damit ich nicht aussah wie ein zur Hälfte gerupftes Huhn. Außerdem war es ein symbolischer Akt. Ich wollte mein Schicksal annehmen: Ja, ich habe Krebs!

Die Krankenschwester erzählte mir, dass die meisten Patienten noch vor einigen Jahren ein viel größeres Problem mit diesem Moment hatten als heute. Vor allem Frauen. Das jedoch habe sich inzwischen geändert. Die Patienten seien selbstbewusster geworden, und die Krankheit werde weniger stigmatisiert. Perücken gebe es heute viel weniger als früher. Ein um den Kopf gewickeltes Tuch reiche vielen schon.

Ich ließ mich nicht gehen.

Ich ließ mich fallen.

Michael, die Ärzte und das Pflegepersonal fingen mich auf.

Sie begleiteten mich durch die anstrengende und bisweilen auch erniedrigende Phase der Aplasie. Ich vertraute, stellte wenig infrage, überprüfte das, was man mir erzählte, nicht im Internet. Sich fallen lassen bedeutet jedoch auch: alle Hüllen fallen lassen. Die Krankenschwestern und Pfleger erklärten mir, was gerade in mir passierte. Sie nahmen mir die Scham, als ich nackt und schutzlos vor ihnen lag. Sie schauten nicht weg, als es mir dreckig ging. Sie gaben mir Zuversicht, als ich glaubte, keine Kraft mehr zu besitzen. Sie begleiteten mich durch ein Tal, das mir endlos tief vorkam. Sie ließen mir meine Würde, ohne dieses Wort auch nur ein einziges Mal in den Mund zu nehmen.

Ich zwang mich, trotz hohem Fieber aufzustehen und mich zu bewegen. Riss mich zusammen, so gut es eben ging. Manchmal aber ging es einfach nicht. Da war meine Angst vor der Entdeckung weiterer Tumore, da war die Sorge, nicht rechtzeitig einen Spender zu finden. Hörte ich ein Husten im Nachbarzimmer, befürchtete ich, mir über die Klimaanlage eine Lungenentzündung zu holen. Stand ich im Bad, schaute ich auf den Legionellenfilter am Wasserhahn und dachte mir: Keine Keime, bitte keine Keime.

An manchen Tagen wollte ich einfach nur noch raus aus der Station. Raus an die frische, unverbrauchte Luft. Den Sommer riechen, ans Ende des Horizonts fahren und dort ins Meer springen. Der an Krebs verstorbene Theaterregisseur Christoph Schlingensief schrieb in seinem Buch *So schön wie hier kanns im Himmel gar nicht sein!* von der Sehnsucht, alle Behandlungen einfach abzubrechen und mit einem Koffer voller Schmerzmittel nach Afrika zum Sterben zu reisen. So weit war ich nie in diesen Tagen, aber manchmal träumte ich schon davon, einfach mal für ein paar Tage von hier abzuhauen. Nach Mallorca zu fliegen, in ein Taxi zu steigen, über den

Markt zu schlendern und im »La Tapita« einen Cortado zu trinken.

Einmal sprach mich ein Pfleger an und sagte: »Ich wünsche mir, dass Sie wieder in die Politik zurückgehen und dann Gesundheitsminister werden. Dann haben wir da oben endlich mal einen sitzen, der weiß, worum es geht. Der gesehen hat, wo es hakt und warum. Der das alles selbst erlebt hat, hier bei uns im Maschinenraum des Gesundheitswesens.« Dann machte er eine kleine Pause. »Sie verstehen, oder?«

Ja, ich verstand.

Für niemanden hier auf der Station 16 ist sein Job nur ein Beruf. Für jeden ist er auch eine Berufung: Die Arbeitszeiten sind hart, die Bezahlung unangemessen und das Ausmaß der psychischen Belastung enorm. Wenn Patienten leiden, wenn sie einsam sind, weil keine Angehörigen sich um sie kümmern, oder wenn sie sterben – dann komme es ihr vor, als lege sich ein grauer Schleier über die hellen Wandfarben der Station, erklärte mir eine Krankenschwester einmal.

Sie erzählte mir von einem Ehepaar, das seit über vierzig Jahren verheiratet war. Doch als die Frau an Brustkrebs erkrankte, ließ ihr Mann sie von heute auf morgen im Stich. Sie war ganz allein mit ihren Sorgen und Nöten, er besuchte sie nicht ein einziges Mal. Die Krankenschwester erzählte mir aber auch von einem jungen Liebespaar aus Köln. Zwei Studenten, die sich gerade einmal ein Wochenende kannten und liebten. Plötzlich erkrankte er an akuter Leukämie und war kurz davor, zu sterben. Die Frau, die ihn doch so gut wie gar nicht kannte, nahm seine Hand und ließ sie nicht mehr los. Über ein Jahr lang begleitete sie ihn durch schreckliche Tage und Nächte. Bis er wieder gesund war. »Ja«, sagte die Schwester, »man lernt hier auf der Station auch viel, sehr viel, über das Menschsein an sich.«

Auf einmal sank mein Fieber. Die Zahl der Leukozyten stieg. Mein Knochenmark regenerierte sich. Es produzierte wieder neues Blut. Ich begann aus der Aplasie aufzutauchen. Noch aber durfte ich nicht rausgehen. Zu groß wäre die Gefahr einer Infektion mit Viren und Pilzsporen gewesen. Mein Immunsystem war noch zu instabil.

Stattdessen verbrachte ich die Tage weiter auf meinem Zimmer, das ich nun, nach fast drei Wochen, zunehmend als Zelle empfand. Freunde schauten vorbei, Michael kam ohnehin jeden Tag mehrfach, und auch mein Bruder Kai besuchte mich regelmäßig. Am Tag nach seinem Geburtstag stand er mit einer Torte im Raum, die eigentlich für ihn bestimmt war. Doch er hatte sie auf seiner Feier nicht anschneiden wollen, sondern brachte sie mir tags darauf unversehrt in die Klinik. Vor Rührung hätte ich Kai am liebsten an mich gedrückt. Aber das durfte ich nicht.

Was ich jedoch durfte: telefonieren. Denn zumindest dabei konnte ich mich nicht anstecken. Besonders freute ich mich über einen Anruf von Patricia Espinosa Cantellano. Ich hatte Patricia in ihrer Funktion als Außenministerin Mexikos kennengelernt, inzwischen war sie Botschafterin ihres Landes in Berlin. Sie meldete sich, um mir gute Besserung zu wünschen, und hatte sich eine besondere Überraschung ausgedacht: Während unseres Gesprächs hörte ich plötzlich im Hintergrund eine vertraute Stimme. Es war die Stimme von Hillary Clinton, die gerade in Berlin war, um dort ihr neues Buch vorzustellen. Jetzt telefonierten wir zu dritt. Ich erzählte den beiden von meiner Krankheit, den Rückschlägen und Fortschritten, meinem Frust und meiner Zuversicht. Dann redeten wir noch länger über unsere letzte gemeinsame Begegnung beim G20-Außenministertreffen von Los Cabos in Patricias Heimatland.

Mitte Juli besserte sich mein Zustand deutlich. Die Ärzte erlaubten mir jetzt, das Krankenhaus für ein paar Stunden zu verlassen. Rasch wurden aus Stunden halbe Tage und aus halben Tagen auch mal ein ganzer Tag. »Freigang« nannten Michael und ich das. Und tatsächlich begann ich in diesen Augenblicken wieder ein Gefühl dafür zu entwickeln, was Freiheit bedeuten kann und wie schön das Leben doch ist.

Noch schöner war nur der Moment, in dem mir Professor Hallek eröffnete, dass bei einer neuerlichen Analyse meines Knochenmarks keine weiteren Krebszellen gefunden werden konnten. Die Chemotherapie hatte also voll angeschlagen. Damit waren alle Voraussetzungen erfüllt, die Hallek für das Eintreten des Idealfalls benannt hatte. Alle, bis auf eine: Noch immer fehlte ein passender Spender für die Stammzelltransplantation.

Die Suche nach diesem Spender lief inzwischen auf Hochtouren. Tag für Tag verdichteten sich immer mehr Indizien zu einem Gesamtbild, das mir Anlass zur Hoffnung gab. Das genetische Material meines Bruders Kai zum Beispiel: Die Ärzte klassifizierten es aufgrund seines Alters zwar nicht als ideal für eine Stammzellenspende, aber immerhin als denkbar. In der Zeitung las ich, dass aufgrund der Berichterstattung über meine Erkrankung in ganz Deutschland die Zahl der Knochenmark-Typisierungen nach oben geschnellt sei. Das half mir zwar nichts, weil es wahrscheinlich zu lange dauern würde, bis all die neuen Informationen systematisiert sein würden. Aber es wird künftigen Patienten mit einem ähnlichen Schicksal helfen.

»Es ist nur eine Frage der Zeit, bis es Klick macht und wir einen Spender für Sie haben«, beruhigte mich Shimabukuro am Tag vor meiner Entlassung.

Und tatsächlich: Schon einen Tag später, ich saß gerade auf

meinem Zimmer und las die Zeitung, kam wieder Professor Hallek vorbei und begrüßte mich mit seinem typischen Nicken, um mir nicht die Hand zu geben.

»Es geht um die Spender«, sagte er.

»Und?«, fragte ich ihn erwartungsvoll.

»Wir haben drei.«

»Drei?!«

»Ja, aber das bedeutet noch nicht, dass alle drei auch infrage kommen«, erklärte Hallek. Man wisse lediglich aufgrund des sogenannten HLA-Musters, dass sie passen könnten. »Ob wirklich alles passt, müssen nun weitere Tests ergeben, deren Ergebnisse wir in einigen Wochen erwarten.«

Da war sie wieder: die Erkenntnis, dass mir der Krebs meine Unbeschwertheit geraubt hatte. Einem Ja vertraute ich nicht mehr ohne die Erwartung eines Aber. Bei einer guten Nachricht rechnete ich stets mit ihrer Einschränkung.

Ja: Es gab Spender. Aber das bedeutete noch nichts. Zehn von zehn Molekülen auf der Außenhaut der Spender-Stammzelle stimmten mit den zehn Molekülen auf der Außenhaut meiner Stammzellen überein. In der Tat eine sehr gute Voraussetzung dafür, dass diese neuen Zellen nach einer Transplantation die Organe meines Körpers nicht sofort abstoßen würden.

Aber: Stimmen auch all die anderen Parameter überein? Hatte der Spender in seiner Jugend ähnliche Infekte wie ich? Ist er denn gesund? Will er überhaupt spenden? Und wenn all diese Fragen bejaht werden können, wenn die Stammzellenspende entnommen und in einer Kühlbox endlich auf dem Weg zu mir ist: Werde ich dann noch immer frei von Leukämiezellen sein? Oder schwimmen sie dann erneut in meinem Blut und vermehren sich so sehr, dass nur eine neuerliche Chemotherapie dagegen hilft? Steige ich dann hinab auf der Krebskaskade, von Chemo zu Chemo, so lange, bis ich zu schwach für eine Transplantation bin?

Es begann ein Wettlauf mit der Zeit.

11

Zurück im Leben

Köln, 21. Juli 2014

Einen Tag früher als geplant war es dann so weit: Ich durfte wieder nach Hause. Ein Arzt zog den Katheter aus der Vene und verschloss die kleine Wunde mit einem Pflaster. Dann bekam ich ausführlich erklärt, was ich nun am besten zu tun und zu lassen hätte. Vor allem solle ich wieder zu Kräften kommen, sagte man mir. Energie gewinnen, die ich dringend benötigen würde, wenn es dann in einigen Wochen so weit wäre: der Tag meiner Transplantation.

Ich stand am Fenster und wartete auf Michael. Neben mir stand meine Sporttasche mit den Schlafanzügen, dem Waschzeug, ein paar Büchern, dem iPad und den zwei Mutperlen, die mir die Eltern des kranken Jungen aus Norddeutschland geschenkt hatten. Ich versuchte, das Dach unseres Hauses ausfindig zu machen. Dort drüben beim Stadtwaldgürtel: eines von diesen Gebäuden mit den grauen Dächern musste es sein. Ich atmete tief ein, hielt die Luft an und versuchte, mich an den Geruch unserer Wohnung zu erinnern.

Dann nahm ich Abschied. Von jenen Patienten, die mir besonders ans Herz gewachsen waren, natürlich von den Ärzten und dem Pflegepersonal. Es muss rührend ausgesehen haben, wie wir uns da gegenüberstanden, die rechte Handfläche an die Stelle legten, wo sich das Herz befindet, und uns mit einer kleinen Verbeugung zunickten.

»Danke schön«, sagte ich, und jedes weitere Wort wäre mir unzureichend erschienen angesichts dessen, was ich in diesem Moment für all die Menschen auf der Station 16 empfand: Dankbarkeit. Einfach nur Dankbarkeit.

Michael kam und nahm mir meine Tasche ab. Ich setzte mir die weiße CHIO-Kappe auf, und gemeinsam fuhren wir mit dem Aufzug bis hinunter in die Tiefgarage. Als wir mit unserem Wagen die steile Ausfahrt hochfuhren, blendete mich die gleißend helle Sommersonne dieses Julimittags.

Den Satz »Dass ich das noch erleben darf!« verkniff ich mir trotzdem.

Holz, es roch eindeutig nach Holz. Michael stellte meine Tasche auf das Parkett, und ich ließ mich auf das Sofa neben dem Wohnzimmertisch fallen. Meine Güte, war ich fertig.

Da saß ich also nun wieder: Knapp einen Monat später, viele Kilo leichter und gefühlt um Jahre gealtert. Aber ich war noch am Leben und hatte die erste Etappe der Tortur überstanden. Darauf war ich stolz. Ich legte eine CD des italienischen Tenors Carlo Bergonzi ein und tippte auf dem Display eine Puccini-Arie aus der Oper *Madama Butterfly* an.

»Lauter«, rief Michael. »Lauter!«

Am nächsten Tag besuchte mich meine langjährige Freundin Ute Spangenberg und verwandelte unsere Wohnung in ein kleines Kochstudio. Michael war unterdessen in Aachen, wo das diesjährige Reitturnier CHIO lief.

Ute bereitete mir Hühnersuppe zu, in großen Mengen und auf Vorrat zum Einfrieren. Alles mehr als durchgekocht, damit sich ja keine Keime mehr in dem Essen befinden. Und sie half mir bei allem, wozu ich in diesen ersten Tagen Hilfe benötigte. Sie kochte Tees, brachte mir Zeitungen und war einfach da. »Echte Fründe«, weiß der Kölner Volksmund, »ston zesamme.« Echte Freunde halten zusammen.

Am nächsten Morgen schrieb ich in mein Tagebuch: *Ich bin überrascht, wie schwach ich durch die Behandlung geworden bin. Selbst kleine Besorgungen beim Bäcker oder in der Apotheke um die Ecke sind eine echte Herausforderung. Aber ich reiße mich am Riemen. Setze mich jeden Tag auf mein Trainingsrad im Schlafzimmer. Fällt aber echt schwer.*

Das Schreiben half mir, meine Tage zu strukturieren. Die Tagebucheinträge gaben mir Halt. Wenn es mir an manchen Tagen besonders schlecht ging, wenn die Angst vor der Rückkehr des Fiebers schier überwältigend wurde, dann blätterte ich in der Kladde. Ich stellte fest, dass es mir in manchen Momenten während der vergangenen Wochen noch viel schlechter gegangen war. Das gab mir Mut und motivierte mich, nicht nachzulassen. Mich zum Essen zu zwingen, noch einige Minuten länger auf dem Ergometer durchzuhalten oder zumindest kleine Spaziergänge zu unternehmen.

Ich überquerte das Kopfsteinpflaster unserer Straße und hörte schon nach wenigen Metern das vertraute Knirschen der Kieselsteine unter meinen Sohlen. Es duftete nach frischgemähtem Gras, das in trockenen Büscheln auf den Wiesen verstreut lag. Der Müßiggang eines Sommertages unter der Woche – wann nur hatte ich das zum letzten Mal erlebt? Ich konnte mich nicht erinnern.

Mir begegneten Frauen mit Kinderwagen und ein paar Rentner in beigen Hosen. Ich hörte das Rauschen von der Dürener Straße her und sah in der Mitte eines Weihers eine Fontäne nach oben steigen. Und ich sah mich selbst: gebückt wie ein Greis um das Gewässer schlurfend.

Nach einer Weile erreichte ich einen Kiosk. Ich setzte mich auf eine Bank am Ufer, riss das mitgebrachte Frühstücksbrötchen in kleine Stücke und fütterte die Enten. Es dauerte nicht lange, und ich bekam Ärger.

»He da! Sie! Hamse denn keine Zeitung gelesen?! Nicht füttern!«, rief der Kioskbesitzer herüber. »Die Viecher kacken den ganzen Tümpel voll, und dann kommen keine Gäste mehr. Das weiß doch jedes Kind!«

»Alles klar«, sagte ich, packte das Brötchen wieder in die Tüte und musste schmunzeln. Der Mann hatte ja recht. Und obwohl wir uns schon oft an seinem Kiosk begegnet waren, hatte er mich offensichtlich nicht mehr erkannt. Ich ruhte mich noch ein wenig aus und ging weiter.

An einer Lichtung wäre es nach links gegangen, weiter in den Stadtwald hinein, immer weiter auf die andere Seite, bis zu Claudio, dem netten Italiener im Stadtteil Junkersdorf, wo Michael und ich ab und an zu Abend aßen. Doch dafür fehlte mir noch die Kraft. Das wäre zu weit gewesen. Also bog ich nach rechts ab, zurück nach Hause. Ich ging auf eine Weide zu, deren Zweige tief in den Gehweg hingen, schloss meine Augen und ließ die Blätter über meinen Kopf gleiten. Dabei dachte ich an Mallorca und den Rosmarin vor unserem Haus.

»Heimat ist dort, wo die Erinnerung Bescheid weiß«, schrieb der Schriftsteller Uwe Johnson, und ich dachte an diesen Satz, weil zwei Journalisten ihn in einem Interview mit mir einmal zitiert hatten. Das ist schon viele Jahre her, und damals war es um mein Verhältnis zu meiner Heimatstadt Bonn gegangen. Bonn? Köln? Berlin? Mallorca? Heimat?

Ein junger Mann auf einem Fahrrad fuhr an mir vorüber. Plötzlich hörte ich, wie er offenbar bremste. Ich drehte mich zu ihm um und sah, wie er von seinem Rad stieg. Langsam ging er auf mich zu. Dann blieb er vor mir stehen und sah mich prüfend an. »Sind Sie Herr Westerwelle?«

»Ja, das bin ich«, antwortete ich ihm und war gespannt, was als Nächstes kam.

»Ich habe gelesen, dass es Ihnen ziemlich schlecht geht.«

»Ja, ging schon mal besser.«

»Eigentlich will ich Ihnen nur gute Besserung und viel Kraft wünschen. Ganz viel Kraft.«

Dann stieg er wieder auf sein Rad und fuhr weiter. Ich sah ihm hinterher, bis er die Lichtung erreicht hatte und dort in den Wald abbog.

Wahrscheinlich ist es übertrieben, diese Szene als typisch für das Wesen der Rheinländer im Allgemeinen und der Kölner im Speziellen zu bezeichnen. Denn überall in Deutschland gibt es freundliche und mitfühlende Menschen. Aber wenn es für die Liebe zum Leben, die Liberalität gegenüber den Stärken und Schwächen des Menschseins, für Bodenständigkeit und Weltoffenheit zugleich nur ein Wort gäbe, dann hieße dieses Wort: Köln.

Nirgends sonst in unserem Land begegnen sich die Leute mit so einer entspannten Offenheit. »Köln gibt's schon, aber es ist ein Traum«, schrieb der Schriftsteller Heinrich Böll einmal über seine Heimatstadt. Liegt das am Rhein? Oder an der Karnevalszeit, in der ein Rheinländer angeblich das Gleiche macht wie ein Kind im Mutterleib: Umgeben von schwebender Wärme schunkelt und trinkt er den ganzen Tag? Ich weiß es nicht. Ich weiß nur, dass ich diesen Satz einmal im Magazin der *Süddeutschen Zeitung* gelesen habe. Und ich weiß, dass ich das Rheinland auch deshalb so liebe, weil hier der Optimismus, die Gelassenheit und die Toleranz sogar im Sprachschatz der Bürger fest verankert sind: *Et hätt noch immer jot jejange. Et kütt, wie et kütt. Jeder Jeck is anders.*

Und, ist das nicht wunderbar?

Ja, ist es. So herrlich wie der Satz, den die Autorin Elke Heidenreich mit Vorliebe zitiert und den ein Kölner gerne sagt, wenn er aufbrechen will: »Also, ich wär' dann an und für sich jetzt mal weg gewesen.« Der Singsang als Melodie einer Lebenseinstellung. Der Kölner ist verbindlich, und er liebt den Ausgleich – außer, wenn der FC nur unentschieden spielt. Radikales und Extremes ist ihm zuwider, genauso wie der Dünkel und die Obrigkeit.

Immer größere Runden drehte ich nun bei meinen Spaziergängen im Stadtwald. Jeden Tag nahm ich mir ein neues Ziel vor: Heute schaffst du es um den Weiher und bis zu der Stelle, von der aus du dein Zimmer auf der Station 16 sehen kannst. Heute schaffst du es zweimal um den Weiher. Heute schaffst du es bis hinüber nach Junkersdorf. Und dann gab es zwischenzeitlich aber auch immer wieder Tage, an denen ich es gerade einmal vom Bett bis auf die Wohnzimmercouch schaffte.

Insgesamt aber kehrte mit fast jedem neuen Sonnenaufgang mehr Kraft in meinen Körper zurück.

»Du spinnst«, sagte Ute, nachdem ich ihr an einem Samstagnachmittag vorgeschlagen hatte, noch am selben Tag nach Aachen zu fahren und Michael spontan auf dem CHIO zu besuchen.

»Das wird dir bestimmt zu anstrengend.«

Mag sein, dachte ich mir, aber ich wollte wieder unter Menschen. Ich sehnte mich nach Abwechslung und Ablenkung vom Einerlei meiner Krankheit. Und wahrscheinlich wollte ich mir selbst zeigen, dass ich es schaffen kann. Auch wenn Ute und ich womöglich nur eine Minute dort sein würden: Um alles in der Welt wollte ich an diesem Abend nach Aachen.

Wir blieben schließlich fast zwei Stunden. Wir unterhielten uns mit den anderen Gästen über die Pferde und deren Reiter, das Turnier und dessen Favoriten. Vor allem aber sprachen wir nicht über den Krebs. Auf der Fahrt zurück nach Köln schlief ich ein.

»Und jetzt spinnst du endgültig«, sagte Ute, als ich ihr am nächsten Morgen vorschlug, sofort wieder nach Aachen zu fahren.

»Gestern ist das noch mal gut gegangen. Aber warum willst du da heute schon wieder hin?«

»Weil heute das Springturnier stattfindet, der Große Preis. Das will ich nicht verpassen.«

»Also gut«, sagte Ute und schüttelte den Kopf.

Es war das erste Mal, dass ich mich wieder in aller Öffentlichkeit zeigte und auch in Kauf nahm, dabei fotografiert zu werden. Abgemagert und ohne Haare, gezeichnet von den zermürbenden Wochen auf der Station 16 des Kölner Universitätsklinikums. Doch die Bilder von Michael und mir auf der Tribüne, die dann später in der Presse erschienen, kümmerten mich wenig. Viel wichtiger war, mir selbst bewiesen zu haben, dass es ein Leben nach dem Krankenhaus gab und dass dieses Leben nicht nur darin bestand, im Kölner Stadtwald um einen Weiher zu schleichen. Und wenn es so sein sollte, dass die Berichterstattung vielleicht andere Kranke daran erinnerte, dass wir zwar krank, aber deshalb noch lange nicht im Abseits eines normalen Lebens standen, dann war das auch in meinem Sinne.

Ich schüttelte keine Hände, ließ mich nicht umarmen und war bemüht, mich nicht anhusten zu lassen. Dennoch war der Besuch beim CHIO das Beste, was ich in dieser Situation machen konnte. Danach war ich zwar erschöpft, aber obenauf wie seit Wochen nicht mehr. Das Essen schmeckte wieder, ich nahm zu und gewann Kraft und Lebensfreude. Das Licht am Ende des Tunnels strahlte so hell und klar wie die Sonne an jenem Tag, an dem Michael und ich aus der Tiefgarage des Kölner Klinikums hinauf an die Oberfläche gefahren waren.

Am Tag nach dem Besuch auf dem CHIO überraschte mich Michael mit einem ganz besonderen Geschenk. In dem Kalender, den er seit dem Beginn der Behandlungen täglich neu befüllte, befand sich das Bild eines Mannes, der mir vor einigen Jahren schon einmal begegnet war. Damals standen wir gemeinsam auf der Bühne einer Spendengala und dachten ziemlich sicher beide nicht daran, uns unter völlig anderen Voraussetzungen einmal wiederzubegegnen.

Wie man sich doch täuschen kann.

Damals bat José Carreras um Spenden für die nach ihm benannte Leukämie-Stiftung. Der weltbekannte spanische Tenor war 1987 selbst an Leukämie erkrankt. Zu einer Zeit also, in der sich die Behandlungsmethoden noch längst nicht auf dem heutigen Stand befanden: Die Nebenwirkungen der Chemotherapie waren weitaus krasser und die Erfolgsaussichten einer Stammzelltransplantation wesentlich geringer.

In seiner Biographie beschreibt José Carreras dieses Martyrium. Monate verbrachte er fernab von seiner Frau und seinen Kindern auf einer Isolierstation in der amerikanischen Stadt Seattle. Am dortigen Fred-Hutchinson-Institut, der damals weltweit führenden Klinik für Stammzelltransplantationen, bangte er in absoluter Quarantäne um sein Leben. Nach der triumphalen Rückkehr in seine Heimatstadt Barcelona sei es zunächst nicht sicher gewesen, ob er nach der Chemo- und Strahlentherapie überhaupt jemals wieder werde singen können. Carreras aber wagte den Schritt auf die Bühne. Und als er das Trinklied aus Verdis Oper *La Traviata* anstimmte, sangen 150000 Menschen mit. Unter ihnen auch die spanische Königin Sofia.

Aus Dankbarkeit für sein zweites Leben gründete Carreras ein Jahr später eine Stiftung, die sich einen Satz ihres Initiators zum Ziel setzte: »Leukämie muss heilbar werden. Immer und bei jedem.« Seitdem engagieren sich Carreras und eine zunehmende Zahl freiwilliger Helfer für diese Stiftung. Sie fördert die Erforschung der Krankheit, unterstützt aber auch Selbsthilfegruppen und psychosoziale Projekte. So ist die Initiative des Sängers inzwischen zu einem sehr wirksamen Instrument bei der Bekämpfung der Krankheit geworden.

Ich war fast ein wenig verärgert, als mir Michael beim Frühstück eröffnete, dass José Carreras uns heute in unserer Wohnung besuchen würde.

»Das ist doch nicht nötig!«

»Warte erst mal ab«, entgegnete mir Michael und bat mich, in der nahegelegenen Bäckerei ein paar Petit Fours zu besorgen.

»Ich fahre unterdessen zum Flughafen und hole ihn ab.«

Michael hatte sich schon vor Wochen im Büro von José Carreras erkundigt, ob er demnächst vielleicht nach Deutschland reisen würde und womöglich mich auf der Station 16 besuchen könne. Dabei stellte sich heraus, dass auch Carreras seine Mitarbeiter gebeten hatte, einen Kontakt zu mir herzustellen. Carreras war natürlich bewusst, dass er selbst der beste Beweis dafür war, die gefährliche Krankheit auch dauerhaft überleben zu können. Allein das Wissen um seine Geschichte nährt bei wahrscheinlich allen Leukämiepatienten dieser Welt den Willen, den es braucht, um die Hoffnung niemals aufzugeben. Wie viel stärker musste dieser Effekt noch sein, wenn jemand wie José Carreras einem plötzlich gegenübersteht? Michael wusste jedenfalls genau, warum er uns unbedingt zusammenbringen wollte.

Wir begrüßten uns mit der Herzlichkeit zweier Menschen, die wissen, dass der Herzlichkeit zwischen einem Gesunden und einem Leukämiekranken während seiner Therapie enge Grenzen gesetzt sind: Wir nickten uns zu und legten dabei die Hand aufs Herz. Und noch ehe wir uns auf die Couch setzten und dort eine Tasse Tee tranken, sprach mich José Carreras auf das große Bild des Malers Daniel Mohr im Wohnzimmer an.

»Barcelona!«

Natürlich hatte er das Motiv am Strand seiner Heimatstadt sofort erkannt.

Ich zeigte ihm Fotos aus meinem Krankenhaus-Kalender sowie eine Skizze des Kölner Doms, die mir und insbesondere Michael sehr viel bedeutet. Sein Vater hatte sie Mitte der fünfziger Jahre angefertigt, gleich nachdem er im Zuge eines Studentenaustauschs aus Polen nach Köln gekommen war. Gerade angekommen, ging er die wenigen Meter vom Hauptbahnhof hinüber auf den Platz vor der Kathedrale und malte sie mit all ihrer Eleganz und Erhabenheit ab.

»Ich hatte nicht erwartet, Sie so fit anzutreffen«, sagte Carreras und nippte von dem Tee, den ich ihm in seine Tasse gegossen hatte. »So kurz nach einer so hochdosierten Chemotherapie ist das keine Selbstverständlichkeit.«

Ich erzählte ihm von meinen täglichen Spaziergängen, den Trainingsstunden auf meinem Ergometer, der Fürsorge meiner Angehörigen und Freunde.

»Sehr gut«, sagte er und zeigte auf Michael, der gerade auf dem Balkon stand. »Ein Umfeld, das Sie stärkt und stützt, ist eine von vier unverzichtbaren Voraussetzungen, um die Krankheit zu besiegen.«

»Und die anderen drei?«, fragte ich ihn.

»Niemals aufgeben. Sie dürfen niemals aufgeben, zu kämpfen! Außerdem haben Sie mit Michael Hallek einen der besten Ärzte, und Sie haben das Glück, ihn auch noch hier, in Ihrer unmittelbaren Nähe, zu haben. Dieses Glück ersetzt aber nicht den unbedingten Willen, den Sie brauchen, um der Krankheit nicht nachzugeben. Seien Sie stark und entschlossen. Wirklich: Sie dürfen nie auch nur in Erwägung ziehen, aufzugeben.«

Ich sagte nichts.

»Viertens«, und jetzt zeigte er mit seinem Zeigefinger in die Luft, »brauchen sie Hilfe von oben. Ohne die geht es nicht.«

Carreras erzählte mir, wie er nach seiner Erkrankung mit dem Schicksal gehadert habe, wie er sich immer und immer wieder gefragt habe: *Why me?* Warum ich? Warum hat es ausgerechnet mich erwischt?

»Ich stellte mir diese Frage genau so lange, bis mir die ersten leukämiekranken Kinder begegneten. Nachdem ich in deren so unschuldige und traurige Gesichter geblickt habe, stellte ich mir diese Frage nie, nie wieder.«

José Carreras blieb ungefähr eine Stunde. Während dieser Zeit gelang es ihm, mich mental auf die schwierigen Phasen der Transplantation vorzubereiten. Auf Tage und Nächte, die noch so viel dramatischer sein würden als all das, was ich bisher erlebt hätte. Er machte daraus auch gar keinen Hehl, er sprach mit einer entwaffnenden Ehrlichkeit und Klarheit über das, was mich in einigen Wochen erwarten würde. Und genau diese Offenheit half mir am meisten. Ich wusste, woran ich war.

Nach unserem Gespräch setzte ich mich auf die Terrasse unserer Wohnung und blätterte in dem Buch von José Carreras.

Ich entdeckte einen Satz von Friedrich Nietzsche, den ich mir anstrich: Man müsse die »Phantasie des Kranken beruhigen, dass er wenigstens nicht, wie bisher, mehr von seinen Gedanken über die Krankheit zu leiden hat, als von der Krankheit selbst …«.

12

Eine völlig andere Welt

Köln, 11. August 2014

Inseln übten schon immer eine ganz besondere Faszination auf mich aus, und lange Zeit habe ich über die Gründe dafür eigentlich nie nachgedacht. Nun aber, da Michael und ich uns im Landeanflug auf Sylt befanden und sich in mir beim Anblick des ankerförmigen Fleckens Erde inmitten des weiten Meeres ein schier unglaubliches Glücksgefühl ausbreitete, stellte ich mir zum ersten Mal die Frage: Was sagt es eigentlich über dich aus, dass deine Sehnsuchtsorte ausnahmslos Inseln sind?

Eine Insel wahrt Distanz zum Festland, schon allein durch das Wasser, das beide Landmassen voneinander trennt. Inseln sind immer Ausnahmen von der Regel, Inseln sind Welten für sich. Selbstbewusst und bisweilen von beträchtlichem Eigensinn. Inmitten der Normalität haftet Inseln etwas Magisches an. Ihre Bewohner leben und kultivieren diese Differenz zur Regel. Sie, die so unmittelbar den Naturgewalten ausgesetzt sind; sie, die ihre Freiheit der Abgeschiedenheit oft mühsam abgerungen haben. »Lewwer duad üs Slaav«, lieber tot als Sklave, lautet ein friesischer Wahlspruch, den auch der Dichter Detlev von Liliencron in seiner Ballade *Pidder Lüng* verwendet hat. Darin berichtet er von einem wütenden Sylter Fischer, der einen Steuereintreiber vom Festland in einem Grünkohltopf erstickt.

Was lässt Menschen so werden, wie sie sind? Für mich bemaß

sich der Wert der Liberalität nie nur in Prozenten bei Wahlen. Die Sehnsucht nach Freisinn gehörte schon zu meinem Leben dazu, als ich noch längst nicht politisch aktiv war. Einerseits weil meine Eltern uns Kindern das vorlebten. Andererseits weil ich seit meiner Pubertät anders als die Mehrheit meiner Mitschüler war und tagtäglich erlebte, dass meine persönliche Freiheit von der Liberalität meines Umfeldes profitierte: Kaum jemand mobbte mich wegen meines Schwulseins. Und obwohl ich aus meiner Skepsis gegenüber den Positionen mancher 68er-Lehrer nie einen Hehl machte, ließ mich eigentlich keiner von ihnen jemals wirklich auflaufen. Vielleicht war es die Lockerheit des Rheinlandes, vielleicht auch nur Glück: Nach Freiheit roch die Luft, die ich als Junge atmete. Nach Freiheit riecht die Luft, nach der ich mich immer sehnte.

Deshalb trat ich in die FDP ein. Deshalb ging ich in die Politik. Und deshalb entschied ich nach der Wahlniederlage meiner Partei, mich künftig abseits der Politik mit den Mitteln einer Stiftung dafür einzusetzen, der Freiheit ihre Räume zu schaffen. Freiräume sozusagen. Denn auch ohne Amt gebe ich meine Überzeugung nicht auf, dass die Eigenverantwortung der Menschen nicht durch deren unentwegte Bevormundung beeinträchtigt werden darf. Und dass die Entfaltung der Bürger wichtiger ist als die Entfaltung staatlicher Bürokratien.

Natürlich weiß ich, dass ich bisweilen über das Ziel hinausgeschossen bin. Und damit meine ich ausnahmsweise mal nicht den verunglückten Satz von der spätrömischen Dekadenz. Ich meine vielmehr meinen Hang zur vorlauten Klappe, zum verletzenden Kommentar, zu der falschen Vorstellung, man dürfe niemals und unter keinen Umständen Schwäche zeigen. Ich musste offenbar erst selbst erfahren, was wirkliche Schwäche bedeutet, um zu lernen, dass es sich anders verhält: Aus angenommener Schwäche erwächst eine tatsächliche Stärke.

Ich bin deshalb zutiefst davon überzeugt, dass sich aus der Freiheit auch eine Verpflichtung für die Starken ableitet: nämlich, alles dafür zu unternehmen, dass auch die Schwachen ihren Wunsch nach Freiheit erfüllen können. Man mag es Chancengleichheit nennen. Oder Gerechtigkeit. Oder die fürsorgliche Seite des Liberalismus. Ich nenne es die Lehre meines zweiten Lebens.

Von den vielen Flughäfen, die ich kenne, ist der Flughafen von Sylt mit Sicherheit der kleinste: Die Ankunftshalle entspricht eher einem großen Zimmer, und nach wenigen Metern schon steht man auf einem Parkplatz, der auch der Parkplatz eines kleinen Supermarktes sein könnte.

Ein Fahrer unseres Hotels hatte uns abgeholt, und nun saßen Michael und ich auf dem Rücksitz eines Kleinbusses und ließen die neue Umgebung an den Fenstern vorbeiziehen. Schon kurz nachdem wir Westerland hinter uns gelassen hatten, entfaltete sich vor unseren Augen die atemberaubende Schönheit von Sylt: Links, einem riesigen Spiegel gleichend, schien das Wattenmeer bis ans Ende dieser Welt zu reichen. In der Ferne wirkten die vielen Masten der weit entfernt stehenden Windkrafträder wie ein dünner, weißer Flaum am Horizont. Unweit davon vereinzelte Flecken Land, wie schwarze Tupfer auf milchig weißem Grund: schwebend, flimmernd in der heißen Luft des friesischen Sommers.

Rechts von uns die ersten Dünen, grün überwuchert. Dazwischen immer wieder rotgeklinkerte Häuser, die sich mit ihren grauen Fellmützen aus Reet in die Landschaft duckten. Auf einem Fahrradweg neben der Straße tummelte sich die ganze Vielfalt von Sylts Gästen: Kinder liefen in Inline-Skates vor ihren Eltern her, ältere Paare hatten einander untergehakt, ein Liebespaar küsste sich an einer Bushaltestelle.

José Carreras hatte sehr begeistert reagiert, als ich ihm während unserer Begegnung in Köln von dem Plan erzählte, ein bis zwei Wochen auf Sylt zu verbringen. Und auch Professor Hallek bestärkte mich in dem Vorhaben. Die Seeluft, sagte er, würde meiner angegriffenen Lunge guttun. Auch die ärztliche Versorgung auf der Insel sei optimal, regelmäßige Blutuntersuchungen könne man in Westerland genauso erledigen lassen wie in Köln.

Also nichts wie hin, dachten wir uns. Kraft schöpfen und Gewicht zulegen. Das, was war, vergessen. Und an das, was bald noch kommen sollte, nicht denken. Einfach nur den Augenblick genießen. In gewisser Weise Körper, Geist und Seele reparieren. Wieder einmal.

Die Nordseeinsel schien mir dafür der ideale Ort zu sein. Vor allem ist es dort während der Sommermonate nicht so heiß wie auf Mallorca und die Strände nicht ganz so voll. Ein guter Platz, um zur Ruhe zu kommen und die vielen Eindrücke der vergangenen Wochen zu verarbeiten. Ich freute mich auf lange Spaziergänge am Strand, auf die wilde Westseite mit ihrer donnernden Brandung und der fliegenden Gischt. Und ich freute mich auf die zurückhaltende, souverän schimmernde Schönheit und Ruhe der Wattseite im Osten der Insel.

Unsere Unterkunft lag ganz im Süden, ziemlich genau zwischen den beiden Polen von laut und leise. Unweit der Ortschaft Hörnum bezogen wir für knapp zwei Wochen Quartier. Von unserem Zimmer aus sahen wir die im Wind wiegenden silbrig grünen Halme des Strandhafers. Und saßen wir morgens im Frühstückssaal, dann begrüßte uns eine am Meeresgrund vertäute grüne Boje, die auf der Dünung fröhlich auf und ab schaukelte.

Sylt gibt seinen Gästen die Freiheit, für sich allein zu sein.

Und Sylt bietet seinen Gästen die Möglichkeit, sich in Gesellschaft frei zu fühlen. Ganz wie man mag. Wir mochten es an einem Tag beschaulich und vertraut, anderntags gesellig mit Freunden in größerer Runde. Mal saßen Michael und ich auf den von der Sonne gebleichten Planken einer Restaurant-Terrasse unweit unseres Hotels und schauten andächtig schweigend in den Sonnenuntergang. Mal verlebten wir einen heiteren Nachmittag mit alten Bekannten in deren Obstgarten am Ortsrand von Kampen.

Sylt schenkte uns eine Auszeit. Sylt blies die Angst vor dem Sterben für einen Moment aus meinem Gemüt. »Hier, zwischen Dünen und endlosem Wasser, ist es herrlich«, schrieb Max Frisch an seinen Schweizer Landsmann Friedrich Dürrenmatt. »Eine völlig andere Welt.«

Kaum waren wir angekommen, organisierte ich mir ein Elektrofahrrad und fuhr in Richtung Weststrand. Ich konnte es nicht erwarten, das offene Meer zu sehen. Zu hören, zu riechen. Ich schloss mein Fahrrad ab und ging auf einem Bohlenweg durch die Dünentäler. Vorbei an den Stängeln verblühter Lupinen, an Heckenrosen und Hagebutten, deren Früchte so aussahen, als würden sie gleich platzen.

Der Weg endete vor einem kleinen Gatter. Vielleicht zehn Meter waren es von hier bis hinauf zum Dünenkamm. Zehn Meter, die mir wie eine Unendlichkeit vorkamen. Meine Füße versanken im weichen Sand, die Beine wurden mit jedem Schritt schwerer und schwerer. Auf allen vieren erreichte ich schließlich die Anhöhe, und als sich vor mir die ganze Pracht der Nordsee auftat, ließ ich mich erschöpft auf den Bauch fallen und blieb dort wie ein angespültes Stück Holz einfach liegen.

Der trockene Sand wehte mir ins Gesicht. Nach einer Weile stand ich auf, zog Socken und Schuhe aus und ging hinunter zum Wasser. Michael und ich schlenderten jetzt Arm in Arm den Strand entlang. Der feuchte Sand drückte sich zwischen meine Zehen, das Salzwasser umspülte meine Waden. Wir sahen kleine Häufchen angespülter Muschelschalen und dazwischen die sternförmigen Abdrücke von Vogelfüßen. Wir gingen immer weiter, wir gingen so weit, wie ich nie geglaubt hatte, dass ich an diesem Tag würde gehen können. Wir gingen bis zur Sansibar.

Dort setzten wir uns an einen der Tische direkt hinter dem Kiosk. Ich bestellte mir Krabben, dann noch einen Steinbutt und dann, weiß der Himmel warum, ein Glas Weißwein. Michael sah mich fragend an.

»Bist du sicher?«

»Auf dich!«, antwortete ich und prostete ihm lachend zu.

Mit jedem neuen Tag ging es mir besser. Immer längere Strecken legte ich nun mit dem Elektrofahrrad zurück, und nach etwa einer Woche tauschte ich es gegen ein herkömmliches Rad. Michael und ich erkundeten die Insel, verabredeten uns mit Freunden in der Sansibar oder besuchten sie in Westerland und Kampen. Manchmal saß ich stundenlang in einem Strandkorb, eingehüllt in eine Wolldecke, und beobachtete einen Austernfischer, wie er in seinem schwarz-weißen Federkleid ungelenk den Strand entlangstakste und ab und an seinen spitzen roten Schnabel in den Sand bohrte.

Die Tage kamen und gingen wie Ebbe und Flut. Es waren wunderbare Tage, beinahe bin ich versucht zu schreiben: unbeschwerte Tage. Doch natürlich konnte ich nicht verdrängen und vergessen, warum ich eigentlich hier war und warum es so lebenswichtig für mich war, wieder zu Kräften zu kommen: Während sich mein Alltag auf Sylt immer mehr entschleunigte, nahm die Suche nach einem geeigneten Knochenmarkspender in den bundesweiten Karteien zunehmend an Fahrt auf.

Mindestens drei Personen kämen aller Voraussicht nach infrage, hatte mir Professor Hallek ja noch am Tag meiner Entlassung aus der Klinik mitgeteilt. Nun kam es darauf an, Kontakt zu ihnen aufzunehmen und herauszufinden, ob sie für eine Spende auch wirklich zur Verfügung stünden und ob ihre Stammzellen für eine Transplantation in meinen Körper optimal geeignet wären. All das, sagte Hallek, müsse sehr schnell geschehen. Denn jede Verzögerung ziehe das Risiko nach sich, dass sich in meinem Blut wieder neue Leukämiezellen ausbreiteten und ich erneut eine Chemotherapie über mich ergehen lassen müsse. Die Folge: Ich wäre bei der Transplantation noch deutlich erschöpfter als ohnehin schon.

Das alles galt es zu vermeiden, und deshalb tickte die Uhr immer lauter. Oft fragte ich mich: Wann ist es endlich so weit? Wann finden sie einen Spender?

Es ist erstaunlich, wie schnell der Körper wieder an Kondition gewinnt. Ich versuche, mir dieses Gefühl zu merken, denn es wird mich nach der nächsten Etappe im Krankenhaus motivieren, weiter durchzuhalten und die Hoffnung nicht zu verlieren, dass es auch wieder aufwärtsgehen kann. Hätte nicht gedacht, dass ich mich so schnell erhole. Auch meine Blutwerte sind okay. Noch drei Kilo, und ich habe fast wieder mein altes Gewicht von 82 Kilo. Michael und ich haben heute spontan beschlossen, noch ein paar Tage dranzuhängen. Es ist so schön hier.

Meist schrieb ich abends in mein Tagebuch, kurz bevor wir zu Bett gingen. An diesem Tag aber war ich früh aufgewacht. Michael schlief noch. Ich schlich mich ins Badezimmer, duschte und zog mich an. Behutsam öffnete ich die Zimmertür, drückte sie von außen leise wieder zu und ging hinunter in den Frühstücksaal. Wie schnell doch die Zeit vergeht, dachte ich mir: Noch vor wenigen Tagen hatte ich nach unserer Ankunft in dem Hotel die Stufen von der Lobby bis hinauf in den ersten Stock gezählt. Ich kam auf 31. Jetzt lief ich die Treppe hinunter und machte mir keinerlei Gedanken mehr darüber, ob es wohl zu anstrengend sein könnte, sie in umgekehrter Richtung wieder nach oben zu steigen. Ich fühlte mich fit. Und wäre da nicht mein kahler Kopf gewesen, hätte mir wahrscheinlich niemand von den anderen Gästen meinen wahren Zustand angesehen.

Der Raum war noch leer, als ich mich an einen der bereits am Vorabend gedeckten Tische setzte und ein paar Gedanken in meiner Kladde notierte. Ich schaute auf das Meer hinaus. Der Horizont war in wässriges Türkis getaucht. Die grüne Boje schwappte träge im Wasser.

Ein neuer Tag begann. Es sollte ein besonderer Tag werden.

Gleich nach dem Frühstück schnappten wir uns zwei Fahrräder. Wir fuhren hinauf nach Norden bis zur Pfarrkirche Keitums, machten dann einen Schlenker durch die Marschwiesen bei Morsum. Auf einer Weide grasten zwei Pferde. Wir legten eine Rast ein und beobachteten die beiden Tiere.

Gerade als wir wieder auf unsere Räder steigen und zurück in Richtung unseres Hotels fahren wollten, klingelte mein Telefon.

Hallek, leuchtete es auf dem Display. Es musste einen wichtigen Grund geben, wenn er anrief.

»Wir haben einen optimalen Spender gefunden«, sagte Hallek, und ich sah förmlich durch das Telefon, wie er in seinem Büro mit dem großen Glastisch saß und sich freute, mir die gute Nachricht überbringen zu können.

»Am Morgen des 11. August erwarte ich Sie auf der KMT-Station des Universitätsklinikums.«

»Das ist aber schön«, sagte ich – und merkte im selben Moment, wie unbeholfen meine Antwort klang. Aber was sollte ich auch anderes sagen? Natürlich war ich glücklich, unendlich glücklich über die Nachricht aus Köln. Nun war also das eingetreten, was Professor Hallek immer als den »Idealfall« bezeichnet hatte: Ein geeigneter Spender wurde so schnell gefunden, dass man mir noch vor einem möglichen Rückfall dessen Stammzellen transplantieren konnte.

Auf der anderen Seite war die Vorstellung davon, was nun passieren sollte, so abstrakt, dass es mir in diesem Augenblick schwerfiel, alle Gefühle und Fragen, die mir dabei durch den Kopf gingen, unter einen Hut zu bringen. Geschweige denn in einen Satz. Die Wahrscheinlichkeit meines Überlebens hatte sich binnen eines Anrufes von zehn Prozent auf vielleicht fünfzig Prozent erhöht. Ich blickte hinüber zu den beiden Pferden und versuchte zu begreifen, was Hallek mir gerade gesagt hatte.

Aber es gelang mir nicht.

Irgendwo auf dieser weiten Welt, ziemlich sicher in Europa und sehr wahrscheinlich in Deutschland, hatte sich ein Mensch entschieden, mir von seinem Leben etwas abzugeben. Ein Mensch, den ich nicht kenne. Ein Mensch, der vielleicht weiß, wer ich bin, aber mich nicht kennt.

Der Unbekannte hatte also einen Anruf von den Mitarbeitern der Knochenmarkspenderdatei bekommen. Ob er denn für eine Stammzellenspende zu Verfügung stünde und man sein Blut nochmals analysieren dürfe. Der Unbekannte, so stellte ich es mir vor, wird vermutlich kurz überlegt und anschließend zugesagt haben. Man bekommt schließlich nicht oft die Gelegenheit, einem anderen Menschen das Leben zu retten. Und nachdem sein Blut für ideal befunden wurde, wurde er gebeten, sich ab Mitte August für die Entnahme seiner Stammzellen bereitzuhalten. Wahrscheinlich wird er gefragt haben, was ihn genau erwarte, und er wird erleichtert gewesen sein, als man ihm sagte: Keine Sorge, Sie bekommen lediglich ein Medikament, das Ihre Zellteilung anregt, und anschließend nehmen wir Ihnen Blut ab.

Wenn alles gut geht, dachte ich, wird der Unbekannte schon in einem Monat ein Teil von mir sein. Seine Stammzellen werden mein neues Blut produzieren, und dieses neue Blut wird durch meinen Körper strömen. Es wird alle Organe durchdringen und umspülen, es wird vielleicht verbliebene bösartige Zellen aufstöbern und sie vernichten, es wird meine Wunden verschließen und vernarben lassen. Doch wenn nicht alles gut geht, werden die Zellen des Unbekannten meinen Körper als fremd und feindlich wahrnehmen. Sie werden meine Organe abstoßen und bekämpfen. Mein Inneres würde dann zum Schlachtfeld eines Bürgerkrieges, in dem jeder gegen jeden kämpft, bis am Ende alle tot sind.

Der Unbekannte war meine Hoffnung. Und er war meine Sorge. Das Vakuum, in dem ich mich seit Tagen befand, verlor mit Professor Halleks Anruf an Kontur. Die Ereignisse, die mich beschäftigten, lagen nun auf einmal vor mir und nicht mehr hinter mir. Jetzt ging es nicht mehr um das Verarbeiten des Vergangenen, sondern um die Vorbereitung auf das Kommende. Die Zukunft hatte gerade eben begonnen Gestalt anzunehmen.

Zu den vielen Tipps, die mir Professor Hallek gegeben hatte, zählte auch sein Rat, mich mit ehemaligen Patienten in Verbindung zu setzen. Er gab mir deshalb die Nummer einer Frau, die vor einigen Jahren eine Stammzelltransplantation überstanden hatte. Schon einen Tag nach dem Telefonat mit Hallek rief ich sie an.

Die Dame berichtete mir von ihrer Krankheit und von ihrer Heilung. Wir sprachen lange über dieses merkwürdige Gefühl, das alle Leukämiepatienten kennen: dass man das Böse nicht einfach rausschneiden kann. Denn Blut ist überall. Auch krankes Blut. Deshalb fällt es vielen Leukämiepatienten auch so schwer, sich die Transplantation vorzustellen: Was wird da eigentlich übertragen? Fremdes Blut? Fremdes Knochenmark? Fremde Erinnerungen? Fremdes Leben? Fremdes Menschsein?

Eine Stammzelltransplantation zählt zu den Extremen der Medizin. Und sie berührt auch zutiefst philosophische Fragen: Was lässt einen Menschen zu dem werden, der er ist? Welche Rolle spielen dabei die Gene, und wie austauschbar sind sie? Werde ich nach der Transplantation ein anderer sein? Werde ich so werden wie er, der Unbekannte? Oder ist er eine Sie? Eine Spenderin? Was wird aus mir? Aus dem, der ich jetzt bin. Aus dem, der ich schon bald gewesen sein werde.

Die Dame erzählte mir, wie eine Psychologin sie vor der Transplantation gefragt habe, was sie sich für ihr neues Leben denn alles vornehme.

»Nichts«, habe sie geantwortet. »Gar nichts. Ich will genau das Leben wiederhaben, das ich bis zu meiner Erkrankung geführt habe.«

Ich war der Dame am Telefon sehr dankbar für ihre Offenheit, denn genau so ging es mir auch: Dass sich der Blick aufs Leben ändern würde, war mir klar. Aber ich wollte kein anderes Leben. Und ich würde den Tag meiner Transplantation auch nicht als meinen neuen Geburtstag feiern. Ich wollte einfach nur weiterleben, denn so, wie es bisher war, war es doch eigentlich wunderschön.

Am Tag vor unserer Abreise besuchten wir in einem Haus unweit von Westerland ein befreundetes Paar. Gemeinsam gingen wir durch die Dünen zum Strand. Die Luft war warm, ich zog mir eine Badehose an und warf mich in die Wellen. Eine kalte Strömung riss mir meine Füße vom Boden. Ich tauchte unter. Tausend kleine Bläschen stiegen an mir hoch. Ich sah, dass es hell war, und das Salz des Nordseewassers spülte meine Augen. Auftauchen, du musst auftauchen, rief mir der Druck auf meinen Lungenflügeln zu. Mit beiden Beinen stieß ich mich vom Meeresboden ab, schoss nach oben, tauchte auf und holte so viel Luft, wie ich nur konnte.

Hier möchte ich wieder hin, nahm ich mir vor, als wir tags darauf zurück nach Köln flogen. Hier, in die ungestümen Wellen vor der Westküste Sylts.

Die folgenden Tage standen ganz im Zeichen der bevorstehenden Transplantation. Wie alle Patienten bekam auch ich die Gelegenheit, mir noch vor dem offiziellen Beginn der Behandlung einmal die KMT-Station anzusehen, um ein Gefühl dafür zu bekommen, was mich dort erwartete. Also fuhren Michael und ich wieder zum Universitätsklinikum, tauchten in die Tiefgarage ab und nahmen von dort den Aufzug in den vierten Stock des Hochhauses. Dort angekommen, mussten wir zunächst unsere Schuhe ausziehen und durften erst anschließend einen kleinen Raum mit rotgestrichenen Spinden betreten.

Die Schleuse.

Wir stellten unsere Schuhe in ein Regal und entkleideten uns bis auf die Unterhose. Ein Pfleger reichte uns Hosen und Hemden aus blauem Leinen und bat uns, schwarze Plastikgaloschen anzuziehen und die Hände zu desinfizieren. Äußerlich bestand nun kein Unterschied mehr zwischen dem Stationspersonal und uns.

Wir öffneten die Tür. Alles war ähnlich – und doch ganz anders, als ich es von der Station 16, zwölf Stockwerke über uns, kannte: Es roch anders, das Licht wirkte irgendwie heller und auch kälter. Kaum jemand bewegte sich auf dem Gang. Überhaupt schien mir hier alles ruhiger und konzentrierter vonstattenzugehen.

Die KMT-Station ist ein Ort des Ausnahmezustands. Ihre Bewohner balancieren hier wochenlang auf dem schmalen Grat zwischen Leben und Tod. In einem Aufenthaltsraum sah ich ein Ergometer und einige buntbezogene Stühle. An einem der Fenster klebte ein großer Marienkäfer aus Papier. Ich fragte mich, warum mich dieser Anblick traurig stimmte, und erklärte mir mein Unbehagen mit der großen Diskrepanz zwischen der Fröhlichkeit des Motivs und allem anderen, was mir an diesem Tag auf der KMT-Station begegnete: die blassen und hohlwangigen Gesichter der Patienten; die riesigen, unentwegt piepsenden Apparaturen in den engen Zimmern; Menschen mit Gummihandschuhen und Mundschutz; das allgegenwärtige Bewusstsein dafür, sich hier an der Grenze dessen zu bewegen, was menschliches Leben ausmacht.

Bedrückt verließen Michael und ich die Station. Bald schon würde es für mich diesen Weg zurück nach draußen nicht mehr geben. Bald würde auch ich zu diesen insgesamt vierzehn Patienten gehören, die mit einer Leine an ihrem Brustkorb im Zimmer liegen und vom Piepsen der Infusionsmaschinen Tag und Nacht daran erinnert werden, wo sie sich befinden und wie sie sich befinden. Bald würde auch für mich die Uhr rückwärtslaufen.

»Minus zwölf« nennen die Ärzte den ersten Tag der Behandlung, weil es von da ab nur noch zwölf Tage bis zur sogenannten »Stunde null« sind – dem Tag der Transplantation. Danach beginnt die Zeit, in der die Ärzte vor jeden neuen Tag das Wort »Plus« setzen. Plus eins, plus zwei, plus drei. Und so weiter.

Das Schema, in das man sich als Empfänger einer Stammzelltransplantation begibt, ist dabei meist ähnlich: Es beginnt mit einer weiteren Chemotherapie, die alle verbliebenen Tumorzellen töten soll und den Körper wieder in die Aplasie treibt. Etwa drei Tage vor der Transplantation folgt die »Auslöschung«: Eventuell verbliebene Leukämiezellen, die gegen eine Chemotherapie womöglich resistent sind, sollen durch eine Ganzkörperbestrahlung vernichtet werden. Danach gibt es kein Zurück mehr. Denn ohne neue Stammzellen würde man an den Folgen dieser Bestrahlung sterben. Von minus drei bis zur Stunde null schaukeln die Patienten deshalb an einem Trapez zwischen Himmel und Erde und können nur hoffen, dass der Blutbeutel mit der Stammzellenspende zeitig und unversehrt im Krankenhaus eintrifft.

An einem Samstag kaufte ich mir in der Kölner Innenstadt ein halbes Dutzend Schlafanzüge und zwei Paar Plastikschuhe. An einem Sonntag betrat ich die Kanzlei eines Notars, um eine Patientenverfügung aufsetzen zu lassen und mein Testament neu zu regeln. An einem Montag brachte mich Michael frühmorgens bis vor die Tür zur Schleuse vor der KMT-Station.

Wieder stellte ich meine Straßenschuhe in das Regal. Ich entkleidete mich, zog mir die blaue Krankenhauskleidung an und desinfizierte meine Hände. Dann betrat ich die Station. Ein Pfleger zeigte mir mein Zimmer. Ich öffnete die Tasche und begann, die wenigen Utensilien zu verteilen: ein Bild von Michael und mir am Strand von Portixol, ein paar Bücher, mein iPad und die beiden Mutperlen.

Gerade als ich meine Waschsachen auf das Bord unter dem Badezimmerspiegel stellte, öffnete jemand die Tür. Professor

Hallek betrat den Raum. Sein Gesichtsausdruck war anders als sonst.

»Guten Morgen«, sagte er und begrüßte mich mit einem Nicken. »Es ist etwas passiert, was ich hier noch nie erlebt habe.«

Ich sah ihn schweigend an.

»Der Spender.« Hallek machte eine kleine Pause, weil er offensichtlich selbst nicht genau wusste, wie er seinen Satz am besten beenden sollte. »Er ist … wie soll ich sagen … er hat es sich anders überlegt.«

»Wie bitte?«

»Der Spender ist abgesprungen.«

13

Das System

Köln, 12. August 2014

Seit jeher faszinierte Wissenschaftler der Gedanke, Organe und Gewebe von einem Menschen in einen anderen zu verpflanzen. Bis zum Beginn des 20. Jahrhunderts jedoch scheiterten so gut wie alle Experimente auf haarsträubende Art und Weise. Erst im Zuge der Entwicklung antibiotischer Medikamente und aufgrund enormer Fortschritte in der Anästhesie sowie der Gefäßchirurgie, so formuliert es die Website der Berliner Charité, feierte die Medizin ihre ersten Erfolge auf diesem schwierigen Terrain: 1954 kam es in Boston zur weltweit ersten Transplantation einer Niere, und nur vier Jahre später entdeckte ein französischer Wissenschaftler das sogenannte *Human Leukocyte Antigen*-System, kurz HLA-System.

Damit war es nun erstmals möglich, die genauen Merkmale eines Gewebes zu bestimmen – eine zentrale Voraussetzung, um künftig auch abseits eineiiger Zwillinge geeignete Gewebespender zu finden. Denn bei einer möglichst hohen Übereinstimmung der HLA-Muster von Spender und Empfänger sinkt das Risiko einer späteren Gewebeabstoßung beträchtlich. Anfang der sechziger Jahre erlebte die Transplantationsmedizin einen regelrechten Boom: Außer Nieren wurden nun auch Lebern und Lungen ersetzt, und 1967 wagte der südafrikanische

Chirurg Christiaan Barnard erstmals die Verpflanzung eines menschlichen Herzens.

Die Forschung drang nun immer tiefer in das große Rätsel der menschlichen Physiognomie ein. Gleichzeitig sorgte man dafür, die Entdeckungen und Erkenntnisse zu systematisieren: Eurotransplant wurde gegründet, die Organisation für den Austausch von Organen, der Organspendeausweis eingeführt und der Hirntod eines Menschen definiert.

Kurz bevor sich die sechziger Jahre gen Ende neigten, waren es wiederum amerikanische Mediziner, die auf einen waghalsigen Gedanken kamen. Siddharta Mukherjee schildert in seinem Buch ausführlich deren These. Verkürzt gesagt: Wenn Leukämie der Krebs der weißen Blutkörperchen ist und diese weißen Blutkörperchen im Knochenmark eines Menschen produziert werden, dann müsste man die Leukämie doch aufhalten können, wenn man das kranke Knochenmark durch gesundes Knochenmark ersetzte. Nach zahlreichen Tests und Laborversuchen gelang 1973 einigen Ärzten in New York die Sensation: Erstmals übertrugen sie einem krebskranken Jungen Stammzellen eines nicht verwandten Spenders.

Bei der Stammzelltransplantation unterscheidet man zwei Möglichkeiten: die autologe sowie die allogene Transplantation. Ersteres Verfahren kam bei José Carreras in Seattle zur Anwendung. Zunächst entnahm man ihm Knochenmark aus seinem Beckenkamm und lagerte es ein. Dann unterzog sich der Sänger einer wochenlangen und extrem hochdosierten Chemo- und Strahlentherapie, die alle Leukämiezellen in seinem Körper vernichtete – aber auch ihn selbst fast tötete. Anschließend transplantierte man ihm sein eigenes Knochenmark wieder zurück in den Körper.

Das Risiko einer Abstoßungsreaktion ist bei dieser Methode gleich null, weil es sich ja um körpereigenes Gewebe handelt.

Dafür ist die Gefahr eines Rückfalls umso größer, denn in dem zuvor entnommenen Knochenmark könnten sich ja noch vereinzelte Leukämiezellen versteckt halten und nach der Transplantation erneut im Körper verbreiten. Die zurückgegebenen Immunzellen haben nun eine bessere Chance, die womöglich verbliebenen bösartigen Zellen zu besiegen, weil diese durch die Chemotherapie deutlich dezimiert worden sind. Bei José Carreras hat diese Form der Transplantation geklappt: Seit fast dreißig Jahren ist er krebsfrei.

Bei akuten Leukämien wählen die Ärzte heutzutage fast immer die zweite Möglichkeit: Bei einer allogenen Stammzelltransplantation stammt das Spendermaterial von einem Fremden. Damit besteht zwar keine Gefahr, dass sich in dem zugeführten Knochenmark Leukämiezellen befinden. Das Risiko einer späteren Abstoßungsreaktion ist aber umso größer. Denn es kann immer passieren, dass die neuen Immunzellen des Spenders den Körper des Empfängers als fremd betrachten – was er ja auch tatsächlich ist.

Um dieses Risiko einzudämmen, achten die Ärzte bei ihrer Suche nach einem geeigneten Spender auf eine hohe Übereinstimmung des HLA-Musters. Dabei schauen sie sich vor allem die Oberfläche der Zellen genau an. Denn hier befinden sich jene Proteinmuster, die jeder Mensch vererbt bekommen hat – eine Art Fingerabdruck.

Vereinfacht gesagt, besteht das gesamte Muster aus zehn wesentlichen Merkmalen, wobei fünf vom Vater und fünf von der Mutter stammen. Ein idealer Spender verfügt also über ein HLA-Muster, bei dem zehn von zehn Merkmalen miteinander übereinstimmen. Bisweilen werden allerdings auch Spenden in Betracht gezogen, bei denen nur neun von zehn oder sogar nur acht von zehn Merkmalen identisch sind. In diesen Fällen jedoch ist die Gefahr späterer Komplikationen entsprechend höher. Vor allem kann es zur gefürchteten Transplantat-gegen-Wirt-Reaktion kommen. Diese Abstoßung – meist betrifft es die Leber, die Lunge oder den Darm – kann für den Patienten lebensbedrohlich sein.

Andererseits hat die Wissenschaft im Lauf der vergangenen Jahre erkannt, dass eine milde und kontrollierbare Form einer solchen Abstoßungsreaktion auch von Vorteil für den Patienten sein kann. Denn die neuen Immunzellen sind auch in der Lage, eventuell verbliebene Leukämiezellen aufzuspüren und zu zerstören. Damit sinkt das Risiko eines späteren Leukämierückfalls.

Wegen all diesem Wenn und Aber zählt eine Stammzelltransplantation deshalb zu den komplexesten Verfahren der modernen Medizin. Sie ist immer eine Gratwanderung für alle Beteiligten. Für die Patienten sowieso, aber auch für die Angehörigen und die behandelnden Ärzte: Bis zu welchem Punkt ist eine Abstoßung erwünscht? Ab wann wird sie gefährlich? Wie sehr schwächt man das Immunsystem des Patienten mithilfe sogenannter Immunsupressiva, also Medikamenten, die das Immunsystem unterdrücken? Wie hoch sind in diesem Fall die Risiken einer Infektion? Permanent muss abgewogen und entschieden werden. Erfahrung und ärztliche Intuition sind dabei ebenso wichtig wie eine fortwährende Analyse aller Blutwerte.

Die allogene Stammzelltransplantation ist inzwischen auch deshalb das Mittel der Wahl, weil die Wahrscheinlichkeit, einen passenden Spender zu finden, heutzutage deutlich höher ist als noch zu Zeiten von José Carreras' Erkrankung. In Deutschland liegt die Chance mittlerweile bei über achtzig Prozent. Grund dafür ist die Tatsache, dass es in keinem Land der Erde eine im Vergleich zur Bevölkerungsgröße so große Zahl an Spendenwilligen gibt: Von weltweit derzeit etwa 25 Millionen registrierten potenziellen Knochenmarkspendern leben alleine fünf Millionen in der Bundesrepublik. Wer also auf fremde Stammzellen angewiesen ist, kann froh sein, wenn er in Deutschland lebt.

Noch vor gar nicht langer Zeit sah die Situation gänzlich anders aus. Wer hierzulande eine Spende brauchte, der hoffte meist vergeblich. Dann aber, ab Mitte der achtziger Jahre, bewegten zwei Schicksale die Deutschen, und seitdem lassen sie ihr Blut so eifrig typisieren wie weltweit keine zweite Gesellschaft.

Anfang der achtziger Jahre erkrankte der 16-jährige Stefan Morsch aus Rheinland-Pfalz an Leukämie. Seine Chance, einen geeigneten Spender zu finden, lag bei 1:700000. Voller Verzweiflung ließen Stefans Eltern die damals noch kaum existenten Spenderdateien durchforsten. Tatsächlich fand sich ein Kandidat. Doch wertvolle Zeit war vergangen, und Stefans Zustand hatte sich bereits dramatisch verschlechtert, als ihm im Juli 1984 in Seattle als erstem Europäer überhaupt fremdes Knochenmark übertragen werden konnte. Obwohl die Transplantation erfolgreich verlief, starb Stefan noch im selben Jahr kurz vor Weihnachten an einer Lungenentzündung.

Seine Eltern gründeten daraufhin die Stefan-Morsch-Stiftung, mit dem Ziel, eine nationale Knochenmarkspenderdatei aufzubauen. Andere Patienten sollten es künftig leichter haben, einen geeigneten Spender zu finden. Heute sind laut den Angaben auf der Website der Stefan-Morsch-Stiftung fast eine halbe Million potentielle Spender dort registriert.

Am bekanntesten ist aber sicherlich die Deutsche Knochenmarkspenderdatei (DKMS). Auch hier gab nach Angaben der Stiftung ein persönliches Schicksal den Anstoß zu ihrer Gründung im Jahr 1991. Knapp ein Jahr zuvor war die Mutter zweier Töchter, Mechthild Harf, an akuter myeloischer Leukämie erkrankt. Bald schon zeichnete sich ab, dass eine Chemotherapie allein sie nicht würde retten können. Mechthilds Ehemann Peter Harf begab sich deshalb auf die Suche nach einem geeigneten Spender. Während die beiden Töchter mit einem Flugblatt um das Leben ihrer Mutter kämpften (»Wir bitten Sie in unserer Verzweiflung um einen 10-ml-Bluttest, er könnte unserer Mutter helfen!«), rief Peter Harf in der gesamten Bundesrepublik die Bürger dazu auf, ihr Blut typisieren zu lassen.

Mit der damals 23-jährigen Cornelia Christ, einer Sozialpädagogik-Studentin aus Geislingen, fand Mechthild Harf eine geeignete Spenderin. Vier Monate nach der Transplantation aber starb auch sie an den Folgen einer Lungenentzündung. Zu diesem Zeitpunkt ließen bereits Tausende Spendenwillige ihr Blut typisieren. Heute, etwa 25 Jahre später, sind es alleine bei der DKMS bald vier Millionen Registrierte.

Mit jeder weiteren Typisierung erhöht sich die Wahrscheinlichkeit, für einen kranken Empfänger auch einen geeigneten Spender zu finden. Hinzu kommt, dass die Forschung in den vergangenen Jahren erhebliche Fortschritte gemacht hat und die behandelnden Ärzte enorm an Erfahrung hinzugewonnen haben. Natürlich hat die Diagnose nichts von ihrem Horror verloren. Aber Betroffene können heutzutage mithilfe der Faktoren, von denen mir José Carreras erzählte, auch den Ausbruch einer AML überleben: eine hervorragende medizinische Versorgung; ein intaktes Umfeld, das den Patienten stützt und ihn in seinem unbedingten Überlebenswillen bestärkt; und die Hilfe von oben, die man braucht, um noch ein wenig länger unten auf der Erde bleiben zu dürfen.

Ohne die Möglichkeit einer Stammzelltransplantation jedoch würde die hochriskante Variante der AML, die bei mir diagnostiziert wurde, fast immer zum Tod führen. Ich war also dringend darauf angewiesen, einen passenden Spender zu finden. Und das am besten, noch bevor sich wieder neue Leukämiezellen in meinem Körper vermehren würden. Die Zeit drängte.

Noch während meiner Zeit auf der Station 16 des Kölner Universitätsklinikums hatte mir Professor Hallek mitgeteilt, dass das HLA-Muster meiner Körperzellen vergleichsweise normal und durchschnittlich sei. Die Chance, einen passenden Spender zu finden, sei daher entsprechend hoch. Und so war es dann ja auch gewesen: Kurz vor der Entlassung aus der Klinik erfuhr ich, dass insgesamt drei Kandidaten mit der Übereinstimmung zehn von zehn gefunden worden seien. Großartig! Nun würde erneut die Bereitschaft der Spender abgefragt und ihr Blut noch deutlich feinmaschiger nach Tausenden weiteren Merkmalen untersucht werden.

Vielleicht war ich deshalb glücklich, aber nicht euphorisch, als mich Professor Hallek etwa zwei Wochen später auf Sylt anrief und mir berichtete, dass alle Voraussetzungen für eine passende Spende erfüllt seien und ich mich am 11. August zur zweiten Phase der Behandlung auf der KMT-Station einfinden solle. Und vielleicht blieb ich deshalb am Morgen dieses Tages so seltsam gelassen, als mir Michael Hallek die dramatische Nachricht überbrachte, der Spender habe es sich anders überlegt.

Vielleicht hatte ich wieder Glück im Unglück. Vielleicht hätten sich speziell diese Stammzellen mit meinem Körper später nicht vertragen. Mit Sicherheit aber wäre alles noch viel schlimmer gekommen, wenn der Spender seinen Rückzieher nur ein paar Tage später gemacht hätte. Dann wäre ich womöglich verloren gewesen.

Sowohl bei einer autologen als auch bei einer allogenen Stammzelltransplantation wird der Körper des Patienten an den Rand des Todes gebracht, um zu überleben. Das klingt widersprüchlich, folgt aber – in einer extremen Variante – der gängigen Logik der Krebstherapie.

Am Tag minus zwölf beginnt die sogenannte Konditionierung: An mehreren aufeinanderfolgenden Tagen erhalten die Patienten verschiedene Chemotherapien mit unterschiedlichen Wirkstoffen. An den Tagen minus fünf bis minus drei erfolgt in der Regel eine Ganzkörperbestrahlung. Das von den bösartigen Zellen befallene Knochenmark wird dabei komplett zerstört. In der Frühzeit dieser Behandlungsmethode sind die Patienten daran noch reihenweise gestorben. Das ist heute gottlob anders. Nach der Konditionierung jedenfalls befinden sich hoffentlich keine Leukämiezellen mehr im Körper. Aber auch das gesamte Immunsystem des Patienten ist jetzt zerstört, und er verfügt über keine eigenen blutbildenden Stammzellen mehr. Die Aplasie setzt ein. Und die Infektionsgefahr steigt dramatisch.

Mit allen Mitteln versuchen die Ärzte jetzt, ihre Patienten vor Keimen und Viren zu schützen. Die hygienischen Vorsichtsmaßnahmen auf den KMT-Stationen sind daher besonders rigoros: Zwischen den Zimmern und der restlichen Station herrscht ein Druckgefälle, damit die Luft nur aus den Zimmern heraus-, nicht aber hineinströmen kann. Die KMT-Station des Kölner Universitätsklinikums verfügt zudem über eine eigene Belüftungsanlage. Das Leitungswasser fließt durch spezielle Legionellenfilter.

Eigentlich ist alles, was das Leben schön und bunt macht, auf einer KMT-Station verboten, oder es muss vorher penibel desinfiziert werden. Im Auswärtigen Amt galt für alle Diplomaten bei exotischen Auslandreisen: *»Cook it, peel it or leave it.«* Für das Essen auf der KMT-Station war die gleiche Regel gültig: Weg damit, sofern es nicht geschält oder gekocht ist.

Man könnte fast meinen, die drei Buchstaben KMT stünden für die Worte »keimfrei«, »medizinisch« und »trostlos«.

Ohne eine Stammzelltransplantation wäre ein Patient nach der Auslöschung seines Immunsystems dauerhaft kaum mehr überlebensfähig. Sein Leben hängt davon ab, dass der Spender sein Versprechen hält und nicht von seiner Einwilligung zurücktritt – was der rechtlich ohne Angabe von Gründen übrigens jederzeit darf.

War es also Glück, dass die Ärzte noch nicht mit meiner Konditionierung begonnen hatten? Oder Pech, weil ich nun sehr dringend einen neuen Spender brauchte?

Ich packte meine Sachen zurück in die Sporttasche. Als ich wenig später Michael anrief und ihm erklärte, was passiert war, schnürte es mir fast den Hals zu. Ich bat ihn, mich wieder zurück nach Hause zu bringen. Professor Hallek sprach davon, dass sich nun alles um zwei bis drei Wochen verzögern werde. Immerhin gäbe es ja noch zwei weitere Spender, die man nun sehr rasch ausfindig machen und eingehend testen werde.

Aber was, wenn auch sie mir nicht helfen würden? Ich konnte sie ja weder zwingen noch darum bitten, mir ein paar von ihren Stammzellen abzugeben. Denn Spender und Empfänger wissen nichts voneinander und dürfen auch frühestens zwei Jahre nach einer erfolgreichen Transplantation miteinander Kontakt aufnehmen. Und das auch nur, wenn beide damit einverstanden sind.

Schon am Nachmittag desselben Tages wehte die nächste Hiobsbotschaft meinen Wunsch nach Glück im Unglück endgültig weg. Mit meinen Blutwerten stimmte plötzlich etwas nicht. Die Zahl der Thrombozyten, die man auch Blutplättchen nennt und die vor allem für die Blutgerinnung von Bedeutung sind, war massiv gesunken, und die Ärzte wollten wissen, ob die Ursache dafür ein neuerlicher Leukämieschub war. Wieder machte ich mich auf den Weg ins Krankenhaus, wieder zapfte man mir dort Markgewebe aus dem Becken. Meine Angst war groß, nun wertvolle Zeit zu verlieren, bis ein neuer Spender gefunden werden würde. Was, wenn die Leukämiezellen schneller als die Ärzte wären?

Dieses Mal hatte ich kein Glück im Unglück. Sondern einfach nur Glück ohne Unglück. Denn der Verdacht der Ärzte entpuppte sich als Fehlalarm. Mit meinem Blut war noch alles in Ordnung.

Der Unterschied zwischen einer Knochenmarkspende und einer Stammzellenspende besteht vor allem in der Art und Weise, wie die Spende gewonnen wird.

Als es die Stammzellenspende noch nicht gab, entnahm man den Spendern unter Vollnarkose etwa einen Liter Knochenmark. Die Prozedur dauerte circa eine Stunde und hatte den Nachteil, dass die Spende oftmals mit einer Übernachtung im Krankenhaus verbunden war.

Im Vergleich dazu verläuft eine Stammzellenspende eher unspektakulär: Dem Spender wird einige Tage vor der Entnahme ein Hormon gespritzt, das die Zellteilung anregt und dazu führt, dass Stammzellen aus dem Knochenmark des Spenders vermehrt in dessen Blut ausgeschwemmt werden. Nun wird dieses Blut von der Vene in einen Apparat gesogen, der die Stammzellen herausfiltert und in einem Blutbeutel sammelt. Anschließend fließt das gefilterte Blut wieder zurück in den Körper des Spenders. Der Fachbegriff für diesen Vorgang lautet Stammzellapherese.

All das geschieht unmittelbar vor der geplanten Transplantation, damit die Stammzellen nicht eingefroren werden müssen und trotzdem frisch bleiben. Ein Bote holt die Blutbeutel ab und liefert die kostbare Fracht direkt an die jeweilige KMT-Station. Dort kümmern sich oft mehrere Mitarbeiter um die komplizierte Logistik. Sie halten nicht nur den Kontakt zu den Blutbanken, sondern koordinieren auch das Geschehen in der Klinik: die exakte Terminierung der Bestrahlung ebenso wie die präzise Bestimmung des Transplantationszeitpunkts. Alle Räder müssen ineinandergreifen, jede Abweichung vom Schema bringt die Patienten in große Gefahr.

Kurz bevor der lebensrettende Inhalt des Blutbeutels circa zwei Stunden lang durch den zentralen Venenkatheter in den Körper des Empfängers fließt, überprüfen die Ärzte die Stammzellen unter dem Mikroskop hinsichtlich ihrer Qualität und Beschaffenheit. Der Patient bekommt unterdessen die beiden Medikamente Fenistil und Ranitidin, um damit etwaige allergische Reaktionen auf die neuen Stammzellen einzudämmen.

Mit der Transplantation beginnt erneut eine Phase des Bangens: Werden die neuen Stammzellen anwachsen? Zehn bis zwanzig Tage dauert es in der Regel, bis die Stammzellen neue Blutzellen produzieren und die Patienten wieder aus der Aplasie auftauchen. Erst dann dürfen sie aus der sie behütenden Isolation, erst wenn das neue Immunsystem sie wieder vor den ganz normalen Bakterien und Viren des Lebens zu schützen vermag.

Bis vor kurzem wäre ich selbst als Spender übrigens niemals infrage gekommen. Und das hatte rein gar nichts mit meiner Krankheit zu tun, sondern damit, dass man absurderweise Prostituierte, Häftlinge und Homosexuelle von einer Stammzellenspende generell ausgeschlossen hatte. Erst am 18. Dezember 2014 änderte das Zentrale Knochenmarkspender-Register Deutschland seine Kriterien. Ausschlaggebend dafür war auch mein Fall. Seitdem dürfen Schwule nicht nur gerettet werden, sondern auch anderen Menschen das Leben retten.

Warum er wohl abgesprungen ist? Ich saß auf dem Sofa in unserer Wohnung am Stadtwald und konnte keine Wut auf den Mann oder die Frau empfinden, der oder die es sich anders überlegt hatte. Der Spender wird seine Gründe gehabt haben. Gründe, die ziemlich sicher mehr mit seinem eigenen Leben zu tun haben als mit dem Leben eines Menschen, den er gar nicht kennt. Ich versuchte mich stattdessen darüber zu freuen, dass die niedrige Zahl der Thrombozyten in meinem Blut nichts mit der befürchteten Rückkehr der Leukämie zu tun hatte. Zumindest ein kleines bisschen gelang mir das auch.

Zur Normalität der folgenden Tage gehörte das Warten. Ich wartete darauf, dass Professor Hallek anrief. Ich wartete darauf, dass ein neuer Spender gefunden werden würde. Ich wartete auf die Termine bei den Ärzten. Ich wartete auf die Ergebnisse der Blutuntersuchungen. Ich wartete und wartete und wartete. Ich wartete darauf, wann wohl der Zeitpunkt erreicht sein würde, dass mir das ewige Warten allmählich auf den Geist ging.

Umso erfreuter war ich, als eines Tages Angela Merkel anrief. Sie sei demnächst in Bonn bei einem Termin und würde mich sehr gern anschließend in Köln zum Mittagessen treffen.

»Hast du Zeit?«, fragte sie mich.

»Klar«, antwortete ich.

Ihr Anruf lenkte mich vom Warten ab, und die Aussicht auf unser baldiges Treffen freute mich.

Wann wir uns das erste Mal begegnet sind, weiß ich gar nicht mehr genau – es muss Anfang der neunziger Jahre gewesen sein. Obwohl wir aus gänzlich anderen Welten stammen und obwohl die Rollenverteilung unserer damaligen Ämter in steter Regelmäßigkeit dazu führte, dass wir unsere Meinungsverschiedenheiten auch öffentlich austrugen, entwickelte sich in den folgenden Jahren ein sehr enges Vertrauensverhältnis zwischen Angela Merkel und mir. Sie war damals Bundesministerin für Umwelt, Naturschutz und Reaktorsicherheit im fünften Kabinett von Helmut Kohl, ich Generalsekretär der FDP. Sie war ein Kind der DDR, ich ein Spross der Bonner Republik. Es existierten also ausreichend Gegensätze, die uns anzogen – aber es gab auch genügend Gemeinsamkeiten, die uns miteinander verbanden.

Bis zum Mauerfall war die DDR in meiner Familie ein mehr oder weniger weißer Fleck auf der Landkarte gewesen. Und das, obwohl meine Mutter ursprünglich aus dem nördlich von Halle gelegenen Städtchen Köthen in Sachsen-Anhalt stammte. Ihre Familie war aber bereits vor dem Zweiten Weltkrieg in den Westen gezogen. Die Region zu besuchen kam für uns Brüder nicht infrage: Mein Vater vertrat als Rechtsanwalt einige Mandaten, die von großem Interesse für das ostdeutsche Regime waren. Aus Angst vor möglichen Erpressungsversuchen durch die DDR-Regierung untersagte er uns deshalb, in den Osten zu reisen. Daran hielten wir uns.

Einige Jahre später bekleideten Angela Merkel und ich die gleichen Ämter in zwei verschiedenen Parteien – 1998 wurde sie zur Generalsekretärin der CDU ernannt. Wir sprachen nun häufiger miteinander als übereinander. Und als sie zwei Jahre später den Parteivorsitz der CDU übernahm, da gönnte ich ihr diesen Erfolg von ganzem Herzen – aus der Kollegin war längst eine Vertraute geworden. Bis heute schätze ich ihre aufmerksame Gelassenheit und Ruhe. Und insbesondere ihr hohes Maß an Loyalität und Vertraulichkeit. Nicht ein einziges Mal ist aus unseren Gesprächen etwas an die Öffentlichkeit gedrungen, was nicht für die Öffentlichkeit bestimmt war. Wir konnten uns immer aufeinander verlassen.

Einmal erlaubte ich mir den Spaß, sie zu einer kleinen Spritztour in einem Käfer Cabrio einzuladen. Eine Hamburger Werbeagentur hatte sich zuvor darüber amüsiert, dass Angela Merkel nach eigenem Bekunden noch nie in einem Cabrio gesessen habe. Also holte ich sie an einem sonnigen Tag im Mai ab, und gemeinsam kurvten wir durch das frühlingshafte Berlin. Klar, dass mir einige Politikerkollegen und Journalisten daraufhin mal wieder vorwarfen, ich betriebe »Spaßpolitik«. Ein Verdikt, das mich gerade deshalb nicht juckte, weil es mit Vorliebe von denen ausgesprochen wurde, die selbst seit Jahren zum Lachen in den Keller gingen. Deren Wesen ist am besten mit einem Satz beschrieben, mit dem angeblich einst Herbert Wehner einen SPD-Genossen charakterisierte: »Der ärgert sich, wenn er sich freut.«

Und auf die absurde Frage, was denn die Sitzordnung in dem Käfer wohl über die Machtverteilung im Lager der Opposition aussage, antwortete ich: »Ich sitze am Steuer, aber sie sagt, wo es langgeht.«

Angela Merkels Lebensleistung ist umso erstaunlicher, wenn man sich vor Augen führt, wogegen sie sich in ihrer Laufbahn alles durchsetzen musste: Sie übernahm nicht nur als Frau eine damals noch komplett von Männern dominierte CDU. Sie übernahm auch als Ostdeutsche eine Partei, die wie kaum eine andere westdeutsch und rheinisch geprägt war. Und zuletzt: Bis heute ist die Christlich Demokratische Union eine eher katholisch geprägte Partei. Für die evangelische Pfarrerstochter aus dem brandenburgischen Templin war auch das kein Hindernis: Seit nunmehr 15 Jahren ist Angela Merkel CDU-Vorsitzende, seit zehn Jahren Bundeskanzlerin.

Vertrauen ist deshalb so wichtig, weil es die Dinge vereinfacht: Keiner der Beteiligten muss unentwegt den anderen kontrollieren und alles und jedes überprüfen. Aber Vertrauen entsteht nicht von jetzt auf gleich. Vertrauen muss wachsen. Das dauert und erfordert erst einmal viele Gelegenheiten, bei denen keiner den anderen enttäuscht. Eines dieser Ereignisse in der Vertrauensbeziehung zwischen Angela Merkel und mir war unsere gemeinsame Suche nach einem Nachfolger für den scheidenden Bundespräsidenten Johannes Rau Anfang des Jahres 2004.

Rot-Grün stellte zwar im Bund noch die Regierung, aber nach einigen Landtagswahlen hatten sich in der Bundesversammlung inzwischen die Mehrheitsverhältnisse geändert. Auf einmal bot sich für uns Oppositionsparteien die Gelegenheit, dort ein Signal für den Machtwechsel zu Schwarz-Gelb zu setzen. Doch die Lage war mehr als verzwickt: Der damalige CSU-Chef Edmund Stoiber plädierte für Wolfgang Schäuble. Der jedoch galt in Teilen meiner Partei als Fürsprecher einer Großen Koalition und war damit in der FDP wie auch in der eigenen Partei nicht mehrheitsfähig. Viele Liberale witterten die Chance, einen eigenen Kandidaten durchzusetzen. Im Rennen waren Wolfgang Gerhardt sowie Cornelia Schmalz-Jacobsen, die langjährige Ausländerbeauftragte der Bundesregierung. Leider war ziemlich schnell klar, dass der angesehene Wolfgang Gerhardt von den Vertretern der anderen Parteien keine ausreichende Unterstützung erfahren würde.

Für Cornelia Schmalz-Jacobsen sprach neben ihren exzellenten Qualifikationen vor allem die Tatsache, dass mit ihr erstmals in der Geschichte der Bundesrepublik eine Frau an der Spitze des Staates gestanden hätte und nach Walter Scheels Amtszeit auch seit langer Zeit mal wieder ein Mitglied meiner Partei. Gegen meine Parteikollegin sprach hingegen, dass ihre

Kandidatur nur mit den Stimmen von Sozialdemokraten und Grünen erfolgreich sein würde. Genau solch eine Ampel-Koalition in der Bundesversammlung lief jedoch unserer Absicht, ein Zeichen für den Machtwechsel zu Schwarz-Gelb zu setzen, entgegen.

Nachdem ich vom damaligen Bundeskanzler Gerhard Schröder sowie von Franz Müntefering, dem Fraktionsvorsitzenden und designierten Parteichef der SPD, das Signal erhalten hatte, dass sie sich vorstellen könnten, unsere Kandidatin zu unterstützen, war das Abstimmungsverhalten der Grünen ausschlaggebend für unsere weitere Strategie. Deshalb traf ich mich mit deren Bundesvorsitzenden Reinhard Bütikofer zu einem Gespräch in den Räumen der Deutschen Parlamentarischen Gesellschaft, direkt gegenüber dem Osteingang des Reichstagsgebäudes. Bütikofer und ich redeten über eine Stunde miteinander, aber ich wurde aus seinen Worten nicht recht schlau. Er verlor sich in Andeutungen. Ich verließ unser Treffen deshalb mit Ungewissheit und Unbehagen. Auf die Grünen konnten wir nicht bauen, das war damit leider klar.

Nun liefen die Drähte zwischen Angela Merkel und mir heiß. Die Lage war für alle Beteiligten schwer einzuschätzen. Gemeinsam mit dem damaligen CSU-Chef Edmund Stoiber verabredeten wir uns zu einem vertraulichen Gespräch, um uns abzustimmen. Längst hatten wir mit Horst Köhler einen Mann im Blick, der sich als ehemaliger Staatssekretär im Bundesfinanzministerium sowie als Direktor des Internationalen Währungsfonds in Washington auch auf internationaler Bühne einen glänzenden Ruf erworben hatte.

Doch wo sollten wir uns treffen? Ich bot meine Dachgeschosswohnung im Berliner Bezirk Charlottenburg an. Dort, so nahm ich an, könnten wir uns ungestört verabreden und nach einer Lösung suchen. Wir sehr ich mich doch irrte: Schon als Angela Merkel ankam, vermutete sie, ihr sei ein Fotograf gefolgt. Als ich meine beiden Gäste einige Stunden später vor die Haustür geleitete, hatte die Polizei bereits die gesamte Straße gesperrt, weil sich Dutzende Reporter und mehrere Übertragungswagen des Fernsehens vor dem Eingang postiert hatten.

In den folgenden Jahren festigte sich das Vertrauen zwischen der Bundeskanzlerin und mir immer mehr. Im Herbst 2010, die letzte Bundestagswahl lag gerade einmal ein Jahr hinter uns, versammelten wir das schwarz-gelbe Kabinett zu einer Klausur auf Schloss Meseberg am Huwenowsee nördlich von Berlin. Die Stimmung zwischen den Koalitionsparteien war gereizt, denn die Regierungspolitik der ersten zwölf Monate hätte in der Tat besser laufen können.

Vor allem aber in meiner eigenen Partei schienen die fortwährenden Angriffe auf meine Person kein Ende mehr zu nehmen. Beinahe jeden Tag versuchten einige, mir Steine in den Weg zu legen. Kurzum, ich überlegte ernsthaft, den Parteivorsitz niederzulegen und mich ganz auf das Außenministeramt zu konzentrieren. Ich beriet mich darüber mit Michael, und ich bat auch Angela Merkel in einer ruhigen Minute während unserer Meseberger Klausur um ihre Einschätzung der Lage. Letzteres war bei weitem keine Selbstverständlichkeit, denn schließlich amtierte sie nicht nur als Regierungschefin, sondern auch als Vorsitzende einer anderen Partei. Mit einem Nebensatz, einer kleinen Indiskretion, hätte sie mich in ernste Schwierigkeiten bringen können. Doch sie tat es nicht. Stattdessen gab sie mir den guten Rat, eine Trennung beider Ämter zu vermeiden. Eine Weisheit, die sie von Helmut Kohl gelernt und auch für sich selbst übernommen hatte. Denn wer die Ämter trennt, gibt die Fäden aus der Hand.

»Das solltest du nicht tun«, gab sie mir mit auf den Weg.

Daran hielt ich mich. Zumindest so lange, bis ich ein Dreivierteljahr später endgültig keine Lust mehr hatte, mich auch weiterhin von jenen Parteikollegen piesacken zu lassen, die glaubten, dass sie alles besser könnten.

Angela Merkel und ich verabredeten uns bei Claudio, dem italienischen Restaurant im Stadtteil Junkersdorf auf der gegenüberliegenden Seite des Stadtwaldes. Inzwischen war ich wieder so fit, dass ich dort auch mühelos zu Fuß hätte hingehen können. An diesem Tag jedoch nahm ich ein Taxi. Die Bundeskanzlerin kam mit ihrem Tross aus Bonn, wo sie zuvor gemeinsam mit dem Innenminister Thomas de Maizière einen Termin beim Technischen Hilfswerk wahrgenommen hatte. Sie sah gut und fröhlich aus, als sie das Restaurant betrat.

Wir nahmen an einem Ecktisch Platz, wo wir in Ruhe und ungestört miteinander sprechen konnten. Sie stellte viele Fragen, und ich berichtete ihr vom Stand meiner Behandlungen, den wunderschönen Tagen auf Sylt und der überraschenden Absage meines Spenders. Angela Merkel war, wie eigentlich immer, erstaunlich gut informiert. Sie wusste von den Gefahren und Risiken, kannte die medizinischen Fachbegriffe und versteckte ihre persönliche Betroffenheit auch nicht hinter diesem Wissen. Mir wiederum tat die Abwechslung von meinem Patientenalltag gut. Wir sprachen lange über die politischen Themen des Sommers 2014, über die weiterhin schwelenden Krisen in Griechenland und Syrien, über innenpolitisches Hickhack und natürlich über die fortdauernden Drohgebärden aus Russland. Erst tags zuvor hatte sie bei ihrem Staatsbesuch im lettischen Riga den baltischen Staaten den Beistand der NATO versprochen.

Mein Mobiltelefon lag während unseres Gesprächs neben mir auf dem Tisch. Ich hatte es auf lautlos gestellt, um nicht gestört zu werden. Auf einmal leuchtete das Gerät hell auf, und ich sah nach, wer mich zu erreichen versuchte.

»Entschuldige bitte«, sagte ich zu Angela Merkel, »aber da ruft gerade einer der wenigen Menschen an, die ein Mittagessen mit dir stören dürfen.«

»Na, jetzt bin ich aber mal gespannt.«

»Michael Hallek, mein Arzt.«

Die Macht: Sie spielte eine so große Rolle in meinem bisherigen Leben. Sie formte meine Ambitionen, sie strukturierte meinen Alltag, sie gliederte meine Biographie. Die Macht befreite mich und nahm mich zugleich gefangen. »Macht bedeutet jede Chance, innerhalb einer sozialen Beziehung den eigenen Willen auch gegen Widerstreben durchzusetzen, gleichviel, worauf diese Chance beruht«, schrieb Max Weber, einer der wichtigsten politischen Denker des 20. Jahrhunderts.

Wer den Lauf der Dinge gestalten will, der strebt nach Macht. Und ich wollte ein paar Dinge in unserem Land gestalten und verbessern. Also ging ich in die Politik, und wer in die Politik geht, muss mit der Macht umzugehen wissen. Muss ihre Möglichkeiten kennen, muss zugleich ihren Verführungen widerstehen. Das zu leugnen wäre naiv. Ich studierte Jura, weil ich das Recht als Ausdruck von Freiheit und Vernunft begriff. Denn das Recht ist sowohl Mittel als auch Gegenmittel der Macht. Deshalb auch faszinierte mich das Recht stets mehr als die bloße Macht.

Da saß ich also nun in einem Kölner Restaurant am Tisch mit der sicherlich mächtigsten Frau dieser Welt. Doch all diese Macht versickerte und verdunstete wie die Wasser eines mächtigen Stroms, kaum dass mein Arzt mich zu erreichen versuchte. Noch nie in meinem Leben waren Macht und Ohnmacht so nah beieinander wie in diesem kurzen Moment. Es war fast egal, was Professor Hallek mir sagen würde, ich ahnte, dass es wichtiger und mächtiger sein würde als alles andere, was ich bisher für wichtig und mächtig erachtet hatte. Denn jetzt ging es um das, was für mich alles war: mein Leben. Macht und Ohnmacht tauschten ihre Rollen. Mit einer einzigen Information änderte dieser Mann am Telefon die Aussicht auf mein gesamtes Dasein.

»Wir haben einen neuen Spender.«

14

Die Stunde null

Köln, 2. September 2014

Der Beutel mit den Stammzellen müsste längst da sein. Gestern sagten sie mir, das Blut sei gezapft und unterwegs zu mir. Alles werde gut, ich solle mir keine Sorgen machen.

Ich mache mir aber Sorgen. Große Sorgen. Ich liege in meinem Bett und denke darüber nach, was alles passieren könnte. Der Bote könnte sich verfahren und nicht rechtzeitig in der Klinik sein. Die Zellen müssen frisch sein. Er könnte einen Autounfall haben. Der Blutbeutel könnte dabei kaputtgehen, platzen, auslaufen. Eine neue Spende müsste organisiert werden. Das würde dauern, und mein Körper würde immer tiefer in die Aplasie rutschen. Ich bekäme eine Lungenentzündung, und man müsste mich auf die Intensivstation bringen. So wie Christian, den Mann zwei Zimmer neben mir. Ich fiele ins Koma, und noch bevor die Spende mich erreichen würde, hätten sie mich fortgebracht, hinunter in die Pathologie unweit des Strahlenbunkers.

Mir ist schlecht. Ich solle mehr trinken, sagen die Ärzte. Aber ich kann nicht, habe Angst, mich sonst zu übergeben. Also geben sie mir Infusionen. Tag und Nacht piepsen und rattern und summen die Maschinen neben meinem Bett. Und essen müsse ich auch mehr, sagen sie. Doch schon allein bei dem Gedanken daran wird mir übel. Vor mir steht eine Schale mit Spaghetti.

Ich mag gar nicht hinsehen. Mit meiner Gabel schiebe ich eine Nudel an den Tellerrand. Ich drehe sie, lasse sie wieder fallen, zerdrücke sie in der Mitte und teile die beiden Hälften dann erneut. Ich schiebe die Teile zurück zu den anderen Nudeln. Erschöpft, angewidert vom Essen und von mir selbst lasse ich mich zurück auf mein Kopfkissen fallen.

Shimabukuro sagt, meine Appetitlosigkeit sei eine leichtere Form der Übelkeit. Diese Übelkeit wiederum sei eine Reaktion auf die Chemotherapie. Mein Körper betrachte die dabei eingesetzten Medikamente, die Zytostatika, als Giftstoff und wolle sich vor ihnen schützen. Aber auch die Bestrahlung vor einigen Tagen, meint Shimabukuro, könne eine Ursache dafür sein, dass ich keinen Hunger mehr habe und Kilo um Kilo verliere.

Nach der Bestrahlung rollten mich zwei Pfleger in einem Krankenhausbett wieder in den Aufzug und brachten mich in die Schleuse zur KMT-Station. Dort desinfizierten sie die Räder und schoben mich dann zurück in mein Zimmer. Und obwohl man mir sagte, ich werde nichts spüren, wurde ich das Gefühl nicht los, nun endgültig und unwiderruflich schutzlos dem Schicksal ausgeliefert zu sein. Die Strahlen hatten mein Knochenmark und damit einen nicht unwesentlichen Teil meines alten Ichs zerstört.

Drei Tage schwebte ich zwischen zwei Leben. Mein altes war fort und mein neues noch nicht da. Während der Stunden, in denen ich nicht an meinen ZVK angeleint war, traute ich mich kaum hinaus auf den Gang zu den anderen Patienten. Zu groß war meine Sorge, mir dort irgendeine Infektion einzufangen. Also blieb ich meistens in meiner Zelle, starrte an die Decke, studierte den an die Wand gepinnten Behandlungsplan oder blickte aus dem Fenster auf den Hubschrauber-Landeplatz. Nur ganz selten verließ ich den Raum – und wenn, dann fast immer mit Gummihandschuhen und Mundschutz.

So wie mir ging es allen Patienten auf der KMT-Station. Wir sprachen über unsere Empfindungen, aber wir hielten dennoch Abstand voneinander. So gut wie jeder hatte Scheu vor zu viel emotionaler Nähe und Angst, sich mit irgendetwas anzustecken. Wenn mir zum Beispiel ein Gegenstand zu Boden fiel, durfte ich ihn nicht selbst aufheben, sondern sollte einen Pfleger darum bitten. Der desinfizierte den Gegenstand daraufhin und reichte ihn mir wieder.

Als mich Michael einmal kurz an der Schulter berührte, um mich zu trösten, kam sofort eine Schwester auf uns zu und ermahnte uns: »Bitte nicht!« Die Gefahr einer Infektion sei einfach zu groß.

In dem engen Aufenthaltsraum mit den bunten Stühlen und dem Marienkäfer auf der Fensterscheibe trugen wir Patienten eigentlich immer einen Mundschutz, und auf den Gängen befanden sich bei jedem Gespräch fast zwei Meter zwischen uns. Über all das, was uns möglicherweise passieren könnte, redeten wir dabei sehr selten. Wir wollten uns nicht noch zusätzlich das Leben schwer machen, denn es war für alle schon so schwer genug. Nur manchmal erkundigten wir uns, ob es denn einem Mitpatienten inzwischen wieder besser gehe. Dem im Koma liegenden Christian zum Beispiel. Oder Victoria, einer energischen Frau aus Ungarn, die uns allen immer am kräftigsten erschien und nun angeblich mit hohem Fieber und Schüttelfrost auf ihrem Zimmer lag. Oder Claudia, der Apothekerin aus Düsseldorf. Sie hatte uns Details über die Wirkstoffe in unseren Medikamenten erzählt und kämpfte seit zwei Tagen gegen eine Pilzinfektion ihrer Lunge an. Unter Krebspatienten ist solch eine Infektion keine Seltenheit.

Meist jedoch lag ich in den Tagen von minus vier bis zur Stunde null in meinem Bett und dachte nach oder sammelte Kraft für eigentliche Kleinigkeiten, die mir inzwischen fast unüberwindbar groß erschienen: ohne die Hilfe des Stationspersonals zu duschen; meine von Rissen und Rötungen überzogene Haut einzucremen; ein Paar Socken überzustreifen. Beinahe alles, was mir auf der Station 16 schon intensiv und grenzwertig vorgekommen war, wirkte hier noch intensiver und noch grenzwertiger. Im Vergleich zu dem wochenlangen Marathon auf der KMT-Station kam mir der Monat auf der Station 16 fast wie ein Spaziergang vor. Es ist wirklich unglaublich, dachte ich mir oft, woran sich der menschliche Körper alles gewöhnen kann. Was er erträgt und aushält und irgendwann als fast normal empfindet.

Am Tag minus eins spritzte man mir das Eiweiß eines Tieres. ATG nennen es die Ärzte. Das ist die Abkürzung für Anti-Thymozyten-Globulin. Die Gabe dieses ATG bezweckt, schon unmittelbar vor der Transplantation neuer Stammzellen das Immunsystem zu unterdrücken, um damit späteren Abstoßungsreaktionen vorzubeugen. Verantwortlich für diese Reaktionen sind die sogenannten T-Zellen. T, weil sie in der Thymusdrüse eines Menschen entstehen. Um Antikörper für diese T-Zellen zu bekommen, spritzt man sie Pferden oder Kaninchen, die daraufhin eine eigene Immunreaktion gegenüber den fremden menschlichen T-Zellen entwickeln. Anschließend wird den Tieren Blut abgenommen, und die entstandenen Antikörper werden rausgefischt. Nun verabreicht man das ATG, immerhin ein tierisches Fremdeiweiß, wieder dem Menschen, in dessen Körper es die Aktivität der T-Zellen hemmt. So zumindest die Hoffnung der Ärzte.

Ich sagte, ich wolle natürlich kein ATG vom Kaninchen, sondern von einem Pferd. Letzteres sei mir sozusagen biographisch näher. Tagelang haben Michael und ich darüber gesprochen und gewitzelt. Man entwickelt auf so einer Station ja auch einen gewissen Galgenhumor. Am Ende jedenfalls bekam ich das Eiweiß eines Karnickels, und erstaunlicherweise stellte sich nicht der von den Ärzten erwartete Schüttelfrost ein, sondern ich vertrug das Zeug einigermaßen gut.

Abgesehen davon jedoch begriff ich auf der KMT-Station die ganze Dimension meiner Krankheit und ihrer Behandlung. Hier fielen alle Hüllen, hier musste ich gänzlich die Kontrolle aufgeben und fremden Menschen in einem Ausmaß vertrauen, wie es mir bisher niemals in den Sinn gekommen wäre.

Gleich nach meiner erneuten Ankunft auf der Station, am Tag nach dem Mittagessen mit Angela Merkel, hatte sich Shimabukuro neben mein Bett gesetzt und mir ausführlich erklärt, was mich nun alles erwarten würde. Er erzählte mir, dass wir uns nun gemeinsam auf eine Art Entdeckungsreise begeben würden. Eine Weltumseglung, bei der jeder auf dem Schiff eine Rolle einnimmt, die er möglichst gut erfüllen muss.

»Professor Hallek ist der Kapitän des Bootes, auf sein Kommando hört die gesamte Besatzung. Ich selbst bin der Erste Offizier und stehe auf der Brücke, wenn der Kapitän gerade nicht kann. Es gibt weitere Offiziere und Matrosen. Jeder hat seine Rolle, und er behält sie auch dann, wenn wir in unbekannte Gefilde vorstoßen und Komplikationen drohen. Ja, wir haben gute Karten und Instrumente an Bord, der Wind und die Sonne waren bisher gut zu uns. Aber die Unwetter werden kommen, denn sie kommen immer auf so einer langen Reise ins Ungewisse. Ein Mast kann brechen, und ein Segel kann reißen. Vor allem dann kommt es darauf an, besonnen zu bleiben und unser Vorgehen den neuen Voraussetzungen anzupassen. Wenn wir dieses Zusammenspiel schaffen, werden wir den Kurs halten und sicher ans Ziel kommen. Denn das Schiff darf nicht sinken, und das Schiff wird auch nicht sinken.«

»Und welche Rolle spiele ich in dieser Geschichte?«, fragte ich Shimabukuro.

»Sie sind der Reeder, Ihnen gehört das Schiff. Das Schiff ist Ihr Leben.«

Zu diesem Zeitpunkt ahnte ich noch nicht, wie recht er mit seiner Geschichte unserer gemeinsamen Weltumseglung behalten sollte. Am Anfang, während der Frühphase meiner Konditionierung, lief alles mehr oder weniger nach Plan. Die giftigen Substanzen flossen durch den ZVK in meinen Körper, und meine Blutwerte spiegelten schon bald die Intention der Ärzte wider: Die Zahl der Leukozyten sank, und auch alle anderen Werte zeigten wie unzählige kleine Vektoren allesamt in jene Richtung, in die sie nach dem Willen der Ärzte zeigen sollten.

Nach der Bestrahlung jedoch kräuselte sich das Wasser, auf dem mein Schiff bisher so ruhig dahingeglitten war. Schlechtes Wetter kündigte sich an. Vor dem Bug bauten sich die Wellen immer höher auf. Hohes Fieber erfasste mich, ließ mich frieren und am ganzen Körper zittern. Dann beruhigte sich das Wetter wieder, gewissermaßen die Ruhe vor dem Orkan, der mir nach der Transplantation noch bevorstehen sollte.

Ich lernte, dass zur Qualifikation eines guten Arztes weit mehr gehört als Fachwissen und die Gabe, auch in schwierigen Augenblicken die passenden Worte zu finden. Ein guter Arzt muss stets in der Lage sein, bei jeder Wetterlage die Seekarten so schnell zu lesen, dass er das Schiff rechtzeitig aus etwaigen Untiefen wieder in sicheres Fahrwasser steuern kann.

Die Seekarte eines Arztes ist der Befundbogen. Je früher am Tag er die Laborwerte kennt, je genauer er sich im Gewirr der Klinikbürokratie zurechtfindet, Abkürzungen und Schleichwege kennt, desto besser ist das für seinen Patienten. Denn die Arbeitszeiten der Krebszellen richten sich nicht nach den Arbeitszeiten in einem Krankenhaus. Sie kennen keine Schichten und keine Pausen und keine Dienstpläne. Ein guter Stationsarzt ist deshalb auch einer, der in der Lage ist, das System Klinik mit dem System Krankheit in Einklang zu bringen. Und auch in dieser Hinsicht hätte ich mich keinen besseren Seemännern als Professor Hallek und Doktor Shimabukuro-Vornhagen für unsere gemeinsame Reise um die Welt anvertrauen können.

In einem Buch des französischen Historikers Philippe Ariès habe ich einmal gelesen, dass die Menschen früher weniger Angst vor dem Tod gehabt hätten als heute. Der Tod sei vielmehr als Bestandteil des Lebens begriffen worden. Wann immer man in eine Kirche gehe, begegne man Bildern und Schriften aus einer Zeit, in welcher der Tod nicht das Ende, sondern einen Übergang markiere. Der Tod sei für den heutigen Menschen angsteinflößend und unfassbar – und außerdem in der modernen leistungsorientierten Gesellschaft nicht eingeplant: »Der Mensch stirbt nicht mehr umgeben von Familie und Freunden, sondern einsam und der Öffentlichkeit entzogen.«

Genau das aber wollte ich nicht.

»Sollte es schiefgehen, dann möchte ich bitte zu Hause sterben«, hatte ich Professor Hallek gebeten. Ich wollte im Moment meines Todes keine Schläuche sehen und auch nicht den roten Notknopf über meinem Bett, der mir zurief: »Sie sind hier«, so als ob ich das nicht längst verstanden hätte. Ich hielt es eher mit meiner Großmutter, die lieber im Meer vor Mallorca ertrunken als in einem deutschen Bett dahingesiecht wäre. Und wenn ich schon nicht auf Mallorca sterben könnte, dann doch wenigstens in unserer Kölner Wohnung mit dem versöhnlichen Blick auf den Stadtwald.

Vor allem aber wollte ich: *nicht* sterben. Nicht jetzt und nicht an dieser Krankheit. Ich wollte niemanden zurücklassen. Nicht Michael, nicht meine Mutter, nicht meine Brüder und auch nicht meine Freunde. Ich wollte mich mit dem Tod nicht arrangieren und ihn auch nicht in Kauf nehmen. Auch möchte ich nicht das Ergebnis einer lebensverlängernden Maßnahme sein, nein, ich will leben. Einfach nur leben.

»33 plus Zusatzzahl«, sagte Michael einmal zu mir im Spaß. Was er meinte: Noch 33 gemeinsame Jahre, und dann sehen wir weiter.

Mich interessierte weniger, was nach dem Tod kommen würde. Mich interessierte vielmehr, was ich angesichts meines möglichen Sterbens noch alles über das Leben lernen konnte. Über Fehler, die ich begangen, und Chancen, die ich verpasst hatte. Aus der Erkenntnis, was durch den Tod alles verlorengeht, lassen sich jede Menge Einsichten über das richtige Leben gewinnen. Ich fuhr mit meinem Zeigefinger auf der Matratze entlang, und der Abdruck auf meinem Laken sah aus wie ein langer, breiter hellgrauer Strich.

Im Nachlass des Schriftstellers Elias Canetti fanden sich unzählige Textfragmente für ein geplantes Buch über den Tod. Zeitlebens sammelte der Literatur-Nobelpreisträger Zitate und Gedanken zu diesem Thema. Gerade weil wir wissen, dass unser Leben ganz unvermeidlich auf den Tod zusteuert, so Canetti, dürfen wir ihn nicht akzeptieren. Denn jeder Krieg hänge eng mit dem Einverständnis des Todes zusammen.

Respice finem, bedenke das Ende. Ich will mir die Gedanken über den Zusammenhang zwischen Lebensmut und Friedenspolitik in mein Tagebuch notieren. Aber mir fehlt die Kraft.

Und mir ist hundeelend zumute. Die Klimaanlage bläst kalte Luft in mein Zimmer. Ich friere. Will schlafen, aber ich kann nicht schlafen. Will aufstehen, aber ich kann nicht aufstehen. Will nach Hause, aber ich darf nicht nach Hause.

Die Tür geht auf, und Michael kommt rein. Einen Geburtstag solle man ja nicht alleine feiern, sagt er und setzt sich auf die Fensterbank. Er will dabei sein, wenn man mir mein neues Leben in die Venen gibt. Aber ist es das überhaupt, ein neues Leben? Sicher werde ich diesen Tag niemals vergessen, aber mein Geburtstag bleibt auch in Zukunft der 27. Dezember. Und diesen Tag will ich wieder in unserem Haus auf Mallorca verbringen. Das ist mein großes Ziel, und davon träume ich seit dem ersten Tag meiner Quarantäne. Einmal noch Mallorca sehen, nur ein einziges Mal. Den Kopf in den Rosmarinbusch rechts neben dem Eingang stecken, die würzig-weiche Luft in meine Lungen ziehen, barfuß über das Gras im Garten laufen und auf der Insel noch einmal die ersten Schritte in ein neues Leben gehen.

Neu?

Ich zögere bei dem Gedanken. Genau davon will ich wegkommen: von einer Unterteilung der Welt in Schwarz und Weiß, in Alt und Neu, in Gut und Böse, in Ja oder Nein. Denn das Leben, wie ich es jetzt kennengelernt habe, ist so viel komplizierter, facettenreicher und farbiger, als dass es sich auf zwei Gegensätze reduzieren ließe. Das Leben ist kein Block aus Stein, der liegt und ruht. Das Leben ist ein langer, träger Fluss, der fließt und strömt, sich windet und durch tiefe Täler schlängelt, der sich an Dämmen staut und sich weiter abwärts in einem Delta von Tausenden Nebenarmen verliert, um sich endlich irgendwann in einem Golf mit unendlich vielen Wassern zu vereinen.

Nie wird es geschehen, dass Flüsse rückwärtsfließen. Ein

Fluss, der fließt, fließt nur in eine Richtung. Und nie wird es geschehen, dass ein Sterbender schon vor seinem Ableben erfährt, wie sich der Tod anfühlt. Aber auch nie in seinem weiteren Leben wird er dieses Gefühl vergessen können, sollte er dem Tod zwar begegnet, ihm aber noch einmal entkommen sein.

Wer also werde ich sein? Ganz der Alte? Ein ganz Neuer? Oder irgendwer dazwischen? Im antiken Griechenland lehrten die Philosophen das Paradoxon von Theseus, dem Seefahrer. Er besitzt ein altes, morsches Schiff. Eines Tages bringt Theseus sein Schiff in die Werft und bittet den Schiffszimmerer, die etwa tausend alten Planken gegen tausend neue Planken einzutauschen. Schade um das ganze Holz, denkt sich da der Schiffszimmerer. Und so ersetzt er zwar nach und nach die Planken und baut dem Theseus ein neues Schiff. Gleichzeitig aber setzt er einige Meter abseits davon die alten Planken wieder eins zu eins zusammen. Bald schon gibt es deshalb zwei Schiffe. Ein neues und ein altes.

Welches aber von den beiden ist nun Theseus' Schiff? Das alte? Das neue? Beide? Oder vielleicht keines von beiden?

Ich habe mein Verhältnis zu dem Spender und seiner Spende noch nicht wirklich geklärt. Zu sehr bin ich noch in der Umklammerung meines Minuslebens gefangen. Jetzt aber, da sich das Plusleben mit einem Klopfen an meiner Zimmertür ankündigt, wird es allmählich Zeit.

»Ja, bitte?!«

Ein Stationsarzt tritt herein, und sein Gesicht strahlt.

»Da sind sie«, sagt er, »Ihre neuen Stammzellen.«

Wie so häufig im Leben, ereignen sich die wirklich großen Dinge ganz still und leise. Der Arzt zeigt mir den Beutel, der ein wenig heller aussieht als ein normaler Blutbeutel. Beinahe lachsfarben. Aber vielleicht bilde ich mir das auch nur ein. Er nestelt an dem Verschluss, schließt den Beutel an meinen ZVK an und drückt anschließend auf verschiedene Tasten an dem Apparat rechts neben meinem Bett. Mit einem Mal färbt sich der gerade noch so blasse Transfusionsschlauch in ein helles Rot. Es piepst, es summt.

Ich schließe meine Augen und sehe, wie die Zellen durch meine Adern laufen. Wie sie sich so fragend und unsicher umsehen wie eine Gruppe aufgeregter Kinder, die über einen Zaun in den Nachbargarten gestiegen sind und nun vorsichtig nach Orientierung in der ihnen unbekannten Umgebung suchen. Ich stelle mir vor, wie die neuen Zellen immer weiter durch meinen Körper laufen, bis sie endlich das Mark meiner Knochen erreicht haben, sich in den kleinen Höhlen und Kavernen niederlassen, dort siedeln und riesige Töpfe herbeischleppen, um darin neues, frisches, gesundes Blut zu kochen.

Was sich denn danach alles ändern werde, hatte ich Professor Hallek und seine Kollegen am Tag vor der Transplantation noch gefragt. Jede Menge, gab man mir zur Antwort. Meine Blutgruppe sei künftig eine andere, nämlich die des Spenders, eines jungen Mannes aus Nordrhein-Westfalen. Auch seine Virus-Vorerkrankungen seien fortan meine Virus-Vorerkrankungen. Was nicht ausschließt, dass ich alle Schutzimpfungen neu bekommen müsse.

»Das ist ja das geringste Problem«, sagte ich.

»Sie müssen mir nur versprechen«, fügte Michael schmunzelnd hinzu, »dass durch die Transplantation nicht wesentliche Grundlagen in der Beziehung von Guido und mir infrage gestellt werden.«

Hallek ahnte, dass Michaels Äußerung wohl auf einen Scherz hinauslaufen würde. Aber er schien sich noch nicht sicher zu sein, was genau Michael mit seiner Andeutung meinte, und zog fragend die Augenbrauen nach oben.

»Ich will nur sicher sein, dass Guido nicht ab morgen mit den Krankenschwestern flirtet.«

Hallek lachte.

»Versprochen!«

15

In der Mitte der Nacht beginnt ein neuer Tag

Mallorca, 2. September 2015

Ich lebe. Ein Jahr ist es nun her, dass ich ein zweites Leben geschenkt bekam. Ich sitze auf dem Sofa im Wohnzimmer unseres Hauses auf Mallorca. Die Fenster sind offen, und ein trockener Wind streicht durch den Raum. Auf dem Holztisch stehen eine Flasche Wasser und zwei halbvolle Gläser. Immer wenn ich spreche, leuchtet die grüne Lampe eines Diktiergeräts auf, das vor mir liegt. Weil ich sehr viel spreche, leuchtet die Lampe eigentlich fast unentwegt. Sie erinnert mich an die grüne Boje vor dem Hotel auf Sylt, die auch fast immer da war und leuchtete und sich nur selten in einem Wellental vor meinen Blicken versteckte.

Mir gegenüber sitzt der Journalist, den ich gebeten habe, mir dabei zu helfen, dieses Buch zu schreiben. Wir kennen uns schon viele Jahre. Das erste Mal sind wir uns Ende der neunziger Jahre in Venedig begegnet. Ich suchte damals nach einer Möglichkeit, meine Homosexualität auf eine Weise öffentlich zu machen, die weder als indiskret noch als verklemmt empfunden werden würde. Also ging ich auf seinen Vorschlag ein, das Gespräch in Venedig zu führen und mich dort von dem Berliner Fotografen André Rival in einer eindeutig zweideutigen Pose ablichten zu lassen: Ich saß allein in einer Gondel und trug einen weißen Anzug, hellbraune Lederschuhe und ein rosafarbenes Hemd – eine bewusste Anspielung auf die Figur des Gustav Aschenbach in Thomas Manns Novelle *Tod in Venedig* sowie deren grandiose Verfilmung von Luchino Visconti. Der Satz »Ich bin schwul« ging mir damals zwar noch nicht über die Lippen. So weit war ich damals einfach noch nicht. Aber jeder, der es wollte, konnte die Botschaft aus den Bildern herauslesen.

Dieses Foto sowie das dazugehörige Interview schlugen hohe Wogen. Auch auf dem unmittelbar danach stattfindenden Parteitag der FDP war es Gesprächsstoff, und es zeugte von der gelebten Liberalität in der Partei, dass ich trotzdem (oder gerade deshalb) von ihnen einige Zeit später zu ihrem neuen Vorsitzenden gewählt wurde.

In den folgenden Jahren kreuzten sich unsere Wege immer wieder: Mal sprachen wir über den Tod Jürgen Möllemanns, der mich wie kaum ein anderes Ereignis bis dahin aus der Bahn geworfen hatte, mal interviewte er mich am Ende meiner Zeit als Außenminister. Er war es auch, der mich im Januar auf Mallorca besucht hatte, um nach dem Outing von Thomas Hitzlsperger mit mir für den *Stern* erstmals über meine Erlebnisse als schwuler Politiker zu sprechen. Unser Verhältnis war stets freundlich, aber distanziert. Wir sind bis heute nicht per Du, denn von einer Kumpanei zwischen Politikern und Journalisten halten wir beide sehr wenig. Uns verbindet eher der gegenseitige Respekt.

Eigentlich plante ich, nach meinem Ausscheiden aus dem Auswärtigen Amt ein rein politisches Buch zu schreiben. Dann jedoch machte mir die Krankheit einen Strich durch die Rechnung. Und mir war klar: Ich kann kein Buch mehr schreiben, in dem das, was ich seit dem Tag meiner Krebsdiagnose erlebte, nicht vorkommt. Denn die Krankheit hat nicht nur mein Leben verändert, sondern auch meine Sicht auf viele Dinge, die mein

Leben bisher bestimmt haben. Das war natürlich in sehr hohem Maße die Politik. Aber eben nicht ausschließlich.

Ich blätterte in meinen Notiz- und Tagebüchern und stellte fest, dass ich für ein Buch, das sich nicht ausschließlich mit politischen Themen befassen sollte, Hilfe benötigen würde. Hinzu kam, dass ich lange Zeit zu schwach war, um selbst zu schreiben. Zu benommen von all den Medikamenten, um ausreichend Konzentration für ein ganzes Buch aufbringen zu können. Also rief ich den Journalisten an und fragte ihn, ob er Zeit und Interesse daran habe, mit mir zusammen die Geschichte zwischen meinen zwei Leben zu Papier zu bringen.

Die stundenlangen Interviews auf meiner Terrasse erschöpfen mich nicht nur, sie gehen mir auch sehr nah. Sie wühlen mich auf, denn sie wecken viele Erinnerungen an die schlimmsten Stunden und Tage meines Lebens. Immer wieder setzt sich Michael dazu und schildert die Ereignisse aus seiner Sicht. Interessiert höre ich ihm zu, und obwohl wir stets ausführlich über die Krankheit gesprochen haben, erfahre ich jedes Mal ein neues Detail, entdecke einen neuen Blickwinkel, kann mich immer mehr auch in seine schwierige Situation während meiner Krankheit hineinversetzen.

Für Michael war die Nachricht meiner Erkrankung ja nicht minder schockierend gewesen. Auf einmal hieß es: Ihr Ehemann wird in den nächsten Wochen sterben, wenn er sich nicht sofort einer Behandlung unterzieht. Einer Behandlung jedoch, die selbst so gefährlich ist, dass ein Mensch mit einer nicht gerade kleinen Wahrscheinlichkeit daran zugrunde gehen kann.

Von allen Seiten, auch von mir, wurde Michael unentwegt nach seiner Meinung, seiner Einschätzung, seinen Gefühlen gefragt. Doch wie sollte er auf all das antworten? Michael ist kein Arzt, sondern ein Sportmanager. Michael ist nicht irgendein Freund unter vielen, sondern mein Ehemann. Er war selbst am Boden zerstört, doch er musste immer stark sein, durfte nie Schwäche oder Verunsicherung zeigen. Selbst das brüchige Privileg, ein Opfer zu sein, blieb ihm verwehrt. Immer drehte sich alles nur um mich, und obwohl ich das gar nicht wollte, ging es doch nicht anders: Die Krankheit ist ein Egoist, sie zieht alles an sich, saugt alle Aufmerksamkeit auf und gibt sie nicht wieder her. Mir selbst fiel das lange gar nicht auf. Bis ich Michael eines Tages im Februar fragte, warum er eigentlich gerade so wenig von seinem Alltag im Job erzähle.

»Weil von dir nichts kommt, lieber Guido. Du stellst keine Fragen, du beschäftigst dich ausschließlich mit dir und dem Krebs.«

Es war traurig, was Michael da sagte. Aber wahr. Die Transplantation lag bereits mehrere Monate zurück. Die Krankheit hatte von meinem Körper zwar abgelassen, doch meine Seele hielt sie noch immer fest umklammert.

Wie aber befreit man ein Stück des Körpers, das man nicht sieht, von einer Klammer, die man nicht kennt? Vielleicht, indem man nach Worten für diese Hilflosigkeit zu suchen beginnt. Und ja, auch deshalb entschloss ich mich, dieses Buch zu schreiben: Um mich an das zu erinnern, was ich längst vergessen hatte; um die Dämonen meiner Albträume aus den Gedanken zu locken und sie zu vertreiben; um auch wieder in geistige Bewegung zu kommen, da mir wohl bewusst war: Die Straße meines zweiten Lebens entsteht einzig und allein beim Gehen.

»Leben Sie!«, hatte mir Michael Hallek nach meiner Entlassung aus der Klinik aufgetragen. Und zum Leben gehört die Erinnerung an das Erlebte ja unbedingt dazu. Um besser zu verstehen, was passiert ist. Christoph Schlingensief schreibt darüber: »Die Erkrankung vor sich zu stellen, sie und sich selbst von außen zu betrachten, dieser ganzheitliche Blick ist wichtig und hilfreich.« Viel zu viele kranke Menschen würden einsam und zurückgezogen leben, weil sie sich seiner Erfahrung nach nicht mehr trauen, über ihre Ängste zu sprechen.

Ein zweiter Grund für dieses Buch waren die unzähligen Briefe und E-Mails, die ich schon unmittelbar nach dem Bekanntwerden meiner Krankheit erhielt. Vor allem die vielen Schilderungen ehemaliger Patienten gaben mir Lebensmut und Zuversicht. Gewiss, die Diagnose Krebs ist ein Schlag in die Magengrube, auf die einen keine Lektüre dieser Welt vorbereiten kann. Und wie gesagt: Krebs ist eine Krankheit, die nicht anklopft, bevor sie in ein Leben tritt. Aber erstens ist Krebs nicht gleich Krebs, und zweitens kommt selbst die Feststellung einer akuten myeloischen Leukämie heute keinem Todesurteil mehr gleich. Ich habe eine AML überlebt, und so wie es José Carreras ein Bedürfnis war, mir die Gründe dafür zu erläutern, so möchte ich es ihm gleichtun.

Um eine hervorragende medizinische Versorgung müssen wir uns in Deutschland nicht sorgen. Wichtig sind ein stabiles und unterstützendes Umfeld, ein hohes Maß an Disziplin und der unbedingte Wille, auch durch unfassbar tiefe Täler zu gehen. Unerlässlich ist auch die Hilfe von oben. Oder zumindest der Glaube daran. »Wenn der Tod nicht wäre, gäbe es keine Religion«, schrieb der deutsche Philosoph Ludwig Feuerbach.

Der dritte Grund für dieses Buch war mein Wunsch, in meinem zweiten Leben nicht die Fehler meines ersten Lebens zu wiederholen: Meine Verschlossenheit, der Panzer um mein Ich, der Wunsch, immer perfekt zu sein – all das hatte sicherlich seine Gründe. Aber nicht unbedingt immer einen Sinn. Ich werde auch künftig nicht mit meinen Empfindungen und Irrwegen hausieren gehen. Aber ich werde sie auch nicht verstecken und so tun, als ließen mich die Dinge kalt oder als betrachtete ich mich selbst als fehlerlos. Allzu oft glaubten die Leute früher, ich sei nur dann bei mir, wenn ich außer mir bin. Das stimmte natürlich nicht, und ich möchte, dass die Menschen das auch wissen.

Ich bin oft gefragt worden, ob es bei der Behandlung von Krebs eine Art Prominentenbonus gebe. Der Verdacht liegt nahe, denn natürlich reagieren Menschen zunächst anders, wenn sie auf jemanden treffen, den oder die sie aus dem Fernsehen und der Zeitung kennen. Schnell wird dann das Handy gezückt und um ein Selfie gebeten – die zeitgemäßere Form dessen, was früher einmal die Unterschrift auf einer Autogrammkarte war. Das gehört zu einem Leben in der Öffentlichkeit dazu, und vor allem als Politiker in einer repräsentativen Demokratie sollte man sich darüber nicht beschweren: Wir verdanken schließlich derselben Öffentlichkeit unser Mandat, sie in den Parlamenten unseres Landes vertreten zu dürfen.

Eine Krankheit jedoch, zumal eine schwere Krebserkrankung, ebnet alle Hierarchien ein und löst die vermeintlichen Privilegien des Prominentenstatus sehr bald in Luft auf. Kunstfiguren – und nichts anderes sind Prominente in unserer Wahrnehmung – wirken der normalen Welt entrückt. In einer Klinik aber, auf einer Station, in einem Krankenzimmer verliert jede öffentliche Rolle ihre Relevanz, zentral sind nur noch Leid, Sorgen und Nöte. Der Mann oder die Frau aus dem Fernsehen sind plötzlich ganz normale Kranke mit ganz naheliegenden Problemen: einer Entzündung, einer blutenden Wunde, Fieber, Schüttelfrost, Durchfall und vor allem Einsamkeit in den vielen schlaflosen Nächten.

Auf der KMT-Station war ich ab dem Moment, in dem ich die Schleuse zwischen Außenwelt und Innenwelt betreten hatte, Teil einer Schicksalsgemeinschaft. Ein Schiff jener Flotte, die hier um ihr Leben segelte: Claudia, die Apothekerin, Christian, der Familienvater, Victoria, die Energische. Dazu die vielen Ärzte, Pfleger, Schwestern, Putzleute. Für sie alle war ich wahlweise Guido, Herr Westerwelle oder Paul Frings. Immer aber ein ganz normaler Mann, 52 Jahre alt, an einer akuten myeloischen Leukämie erkrankt und auf die Stammzellen seines Spenders wartend. An manchen Tagen optimistisch, an manchen Tagen deprimiert.

Nicht mehr, nicht weniger.

Für mein Wohlergehen war diese Normalität wichtig, wenn nicht sogar überlebenswichtig. »Die Gefahr der Übertherapie von Prominenten«, hatte mir Professor Hallek einmal gesagt, sei durchaus gegeben. Gerade weil die Behandlung bekannter Menschen sozusagen im Licht der Öffentlichkeit stattfinde, stehe man als Arzt in der Versuchung, es besonders gut machen zu wollen. Gut gemeint ist aber oft das Gegenteil von gut, und deshalb war ich froh, dass auch Professor Hallek darum bemüht war, alle seine Patienten zwar individuell, aber doch stets gleich zu behandeln.

Auf einer KMT-Station existieren keine Unterschiede zwischen arm und reich, zwischen berühmt und nicht berühmt, zwischen Kassen- und Privatpatient. Auf einer KMT-Station gibt es nur einen einzigen Unterschied, der wirklich zählt: Stehst du noch vor der Transplantation, oder hast du sie schon hinter dir?

Minus oder plus?

Es dauerte knapp zwei Stunden, bis mein Körper den roten Blutbeutel mit den neuen Stammzellen komplett in sich aufgenommen hatte. Michael war die ganze Zeit an meiner Seite geblieben.

In mehreren Intervallen pro Tag verabreichten mir die Ärzte

nun Mittel, die mein Immunsystem unterdrücken sollten. Die Infusionen liefen in meine Venen. Unaufhörlich piepste der Infusomat. Alles schien nach Plan zu laufen. In der zweiten Nacht war endlich Ruhe, und ich schaffte es, ein wenig zu schlafen.

Es war die Ruhe vor dem Sturm.

Am frühen Abend des Tages plus drei sollte ich drei weitere Infusionen bekommen. Professor Hallek hatte gerade mein Zimmer verlassen, als die erste Infusion in meinen Körper strömte. Alles gut. Dann die zweite Infusion. Auch alles gut. Michael saß neben dem Bett. Dann die dritte Infusion.

Mit einem Schlag bäumte sich mein Körper auf. Ein Zucken ergriff Besitz von mir, ich fror, als läge ich nackt in einer Kühlkammer, ich zitterte, als hätte man mich an eine Stromleitung angeschlossen. Alles drehte sich, meine Augen kippten nach hinten, ich würgte und rang nach Luft. Panik. Mein Puls raste, der Blutdruck schoss in die Höhe. Ich hörte mein Herz pochen.

»Hilfe! Ich brauche Hilfe!«

Ärzte rannten in mein Zimmer, Schwestern, Pfleger. Ich hörte ein Alarmsignal. Erst laut und hell, dann immer leiser. Und noch leiser. Bald legte sich ein Schleier über mich. Mein Herz schlug immer langsamer. Und noch langsamer.

Ich dachte: So also fühlt es sich an, das Sterben.

Aber ich starb nicht. Das Gegenmittel wirkte. Es beruhigte meinen Puls, senkte den Blutdruck, dämpfte die Herzfrequenz und linderte den allergischen Schock, mit dem ich auf das Medikament der dritten Infusion offenbar reagiert hatte. Nach einer halben Stunde war alles vorbei, und später versicherten mir die Ärzte, dass mein Leben nicht akut in Gefahr gewesen sei. Und trotzdem habe ich mich während all der Monate im Krankenhaus dem Ende nie so nahe gefühlt wie in diesen Minuten. Wie heiße Lava aus dem Krater eines längst erloschen geglaubten Vulkans waren all die Ängste aus meinem Unterbewusstsein hervorgequollen und hatten Besitz von mir ergriffen.

Am nächsten Tag, plus vier, kam das Fieber zurück. Hohes, heftiges und unerbittliches Fieber. Dröhnende Hitze. Medikamente. Wadenwickel. Delirium. Von fern die tröstenden Worte einer Krankenschwester.

Nie aufgeben.

Ich kann nicht mehr.

Nie aufgeben.

Nur noch sehr selten schaffte ich es aus dem Bett. Meine Muskeln schwanden, und ich verlor immer mehr Gewicht. In den Nächten schwitzte ich so viel, dass ich mich tagsüber zu fragen begann, wie viele Liter ein Mensch eigentlich schwitzen kann. Immer mehr Infusionen flossen nun durch den ZVK in meinen Brustkorb. An das Ziel, noch einmal nach Mallorca zu fliegen, dachte ich zu diesem Zeitpunkt schon längst nicht mehr. Ich wollte es nur noch schaffen, am nächsten Morgen wieder aufzuwachen.

Die erste Woche, sagte Shimabukuro, sei meistens von Infektionsgefahren dominiert. Nach etwa acht Tagen stiegen die Neutrophilen, eine Untergruppe der Leukozyten. Ein gutes Zeichen, denn das neue Knochenmark beginnt sich zu entwickeln. Allerdings drohen nun auch die ersten Abstoßungsreaktionen. Shimabukuro beobachtete mich nun ganz genau. Er versuchte herauszubekommen, ob mein Fieber von einer Infektion oder einer Abstoßung stammte. Denn wenn man eine Abstoßung früh und schnell erkennt, kann man noch dagegen vorgehen. Hat sie jedoch einmal Fahrt aufgenommen, ist sie nur noch schwer in den Griff zu bekommen.

Shimabukuro blieb ganz ruhig, aber ich merkte ihm an, dass es nun um alles ging. Er studierte den Bogen mit den Befunden. Nierenwerte, Leberwerte, Blutwerte. Er fragte bohrend nach, er musterte meine Haut, suchte nach roten Flecken und nach blauen Flecken, hörte meine Lunge ab, sah mir in die Augen. Shimabukuro war auch dann über alles informiert, wenn er selbst gerade gar nicht auf der KMT-Station war. Er hatte Erfahrung – und ich hatte sie nicht. Ich war schockiert, als er an einem Morgen Hautrötungen auf meiner Brust erkannte und sich über eine milde Abstoßungsreaktion freute.

»Ihr Immunsystem reagiert, das ist gut.«

»Aber die Abstoßung …!?«

»Es darf nur nicht zu stark reagieren, muss unter Kontrolle gebracht werden. Aber keinesfalls zu sehr.«

Es ist ein stetiges Wechselspiel von Gas und Bremse, von Kortison und Immunsuppression, von zu viel Abstoßung und zu wenig Abstoßung. Shimabukuro beherrschte dieses Spiel, er ging an die Grenze, weil es ihm und Professor Hallek nicht nur um den kurzfristigen Behandlungserfolg ging. Die beiden Ärzte taten auch alles, um die Gefahr eines späteren Leukämierückfalls zu minimieren.

Woher also kam das Fieber? Infektion oder Abstoßung? Eine Spätfolge des ATG? Raus mit dem ZVK, vielleicht hat sich ja an dessen Spitze erneut ein Entzündungsherd gebildet. Ich bekam Durchfall, möglicherweise das erste Anzeichen einer akuten Abstoßung. Denn wenn es zu Komplikationen kommt, dann nehmen sie oft mit einer Attacke auf den Darm, die Leber oder die Haut ihren Anfang. Auf der Suche nach der Ursache für mein hohes Fieber stellte mir Shimabukuro immer indiskretere Fragen. Als er mich schließlich bat, meinen Stuhlgang zu sehen, um möglicherweise eine Infektion im Magen-Darm-Trakt feststellen zu können, erlebte ich den wahrscheinlich erniedrigendsten Moment meines Lebens.

Am Tag darauf war mein Fieber verschwunden.

In dem Film *Das Boot* gibt es eine Szene, in der das deutsche Unterseeboot U 96 nach einem Angriff der britischen Navy auf 280 Meter Meerestiefe am Grund der Straße von Gibraltar liegt. Die Besatzung ist verzweifelt. Sie droht zu ersticken. Mit letzter Kraft reparieren die Maschinisten die Dieselmotoren und beginnen mit dem Anblasen. Es ist die letzte Chance für die Mannschaft, wieder lebend die Wasseroberfläche zu erreichen. Meter um Meter steigt das Schiff. Meter um Meter wächst die Hoffnung, doch noch mit dem Leben davonzukommen.

Der dramatische Moment gehört zu den berühmtesten Szenen in der deutschen Filmgeschichte. Trotzdem hatte ich sie längst vergessen, denn es war schon über dreißig Jahre her, dass ich den Film zuletzt gesehen hatte. In der Nacht von plus elf auf plus zwölf jedoch träumte ich eine ganz ähnliche Szene. Vielleicht, weil Professor Hallek mir da zum ersten Mal eine Zahl genannt hatte, um die in den folgenden Tagen viele, wenn nicht fast all meine Gedanken kreisen sollten: fünfhundert.

»Ihre Leukozyten kommen aus dem Keller, eindeutig. Sie haben die fünfhundert fast geschafft.«

»Heißt das, ich bin über den Berg?«

»Noch nicht. Aber ein wichtiges Etappenziel liegt unmittelbar vor Ihnen: fünfhundert Neutrophile pro einem Mikroliter Blut.«

Das hatte auch José Carreras gedacht. Doch auf einmal vermehrte sich sein Knochenmark wenige Wochen nach der Transplantation nicht mehr. Einzig das gerade zuvor entwickelte Medikament GM-CSF rettete ihn, weil es die Bildung von Knochenmark anregt. Wie sicher konnte ich mir sein, dass es mir nicht ähnlich erginge?

Im Internet wollte ich nicht nach Antworten suchen, denn das würde mich sicher bald auf trübselige Gedanken bringen. Ich hatte Sorge, mich dort wieder nur mit der Frage meiner aktuellen Überlebenswahrscheinlichkeit zu befassen. Und das brachte mich nicht weiter.

Also versuchte ich aus der Mimik der Ärzte schlau zu werden. Spielten sie mir vielleicht etwas vor, um mich bei Laune zu halten? Sagten sie mir, wie ausgemacht, die Wahrheit? Oder nur die halbe Wahrheit? Keine Chance, ihr Gesichtsausdruck war unbestechlich. Nie hatten sie mir falsche Hoffnungen gemacht und auch nie unangenehme Nachrichten verschwiegen. Also glaubte und vertraute ich ihnen. Zu Recht, denn schon wenige Tage später sprachen sie vom sogenannten *Engraftment*, was nichts anderes heißt, als dass auf einen Mikroliter meines Blutes jetzt mehr als fünfhundert Neutrophile kamen. Die Aplasie lag von nun an hinter mir. Mein neues Knochenmark begann wieder, frisches Blut und neue Immunzellen zu produzieren.

Land in Sicht!

Im Verlauf meiner Krankheit setzten sich Michael und ich immer wieder kleine Ziele, Inseln sozusagen, die wir erreichen und hinter uns lassen wollten. Der erste Chemoblock, der zweite Chemoblock, die Zeit meiner Rekonvaleszenz auf Sylt, die Phase meiner Konditionierung bis zur Stunde null, die Zeit nach der Transplantation bis zum Ende der Aplasie, die Wochen bis zur Entlassung aus der KMT-Station.

Der Blick nach vorn gab uns beiden Kraft. Die Sprünge von Insel zu Insel sorgten dafür, das große Ziel nicht aus den Augen zu verlieren: Weihnachten auf Mallorca. Wir beide wussten, dass das nicht leicht zu erreichen war, aber wir wussten auch: Wenn ich es bis dahin schaffen würde, dann konnte ich es sogar schaffen, wieder ganz gesund zu werden, wieder endgültig das Festland zu erreichen.

Restitutio ad integrum, nennen die Mediziner diesen Zustand. Soll heißen: Der unversehrte Zustand eines Körpers ist wiederhergestellt. Im Unterschied dazu gibt es die sogenannte Defektheilung, die *reparatio*. Das bedeutet, dass Narben zurückbleiben und von einer verheilten Verletzung künden.

Meine Narben wird man kaum sehen. Na gut, durch das viele Kortison ist mir ein kleiner Bauch gewachsen. Aber was hat das in meinem Alter schon zu bedeuten. Die Haare sprießen wieder, und auch die punktförmigen Einstichstellen infolge der zahlreichen Knochenmarkpunktionen und der insgesamt vier Venenkatheter erkennt man nur, wenn man genau hinsieht. All das sind Kratzer und Schrammen. Lackschäden sozusagen.

Die eigentlichen Verwüstungen sind unsichtbar und schwerer zu beschreiben. Ich schaue zum Beispiel auf die Füße des Journalisten, der mir gegenübersitzt. Seine Füße sind blau. Was hat das zu bedeuten? Wenn meine Füße sich bläulich verfärben würden, wäre ich sofort alarmiert: Stimmt vielleicht etwas mit meinem Stoffwechsel nicht? Eine Abstoßung? Ein Alarmsignal?

»Ihre Füße sind übrigens bläulich.«

»Ja, ich weiß«, sagt er. »Das Leder meiner Schuhe färbt anscheinend etwas ab. Halb so wild.«

Ich habe gelernt, anderen zu vertrauen. Jetzt muss ich wieder lernen, mir selbst zu vertrauen. Meinem eigenen Körper und seinem mir noch so unbekannten Blut. Das geht jedoch nicht von jetzt auf gleich. Vertrauen muss wachsen. Das gilt für das Selbstvertrauen noch mehr als für das Vertrauen zu politischen Weggefährten.

Manches an mir ist mir noch immer fremd. Zum Beispiel mache ich mir Sorgen, wenn nach einem Flug meine Waden anschwellen. Ich befürchte, irgendetwas könnte vielleicht nicht stimmen. Kaum anders ist es bei Kopfweh oder Übelkeit. Bei Bauchschmerzen, einem Schweißausbruch und kleinsten Veränderungen auf meiner Haut. Ich bin wachsam, beobachte mich, ich kreise um mich. Immer höre ich voller Skepsis in mich hinein. Ist da was? Könnte da was sein?

Das Risiko, künftig an einer anderen Krebsart zu erkranken, ist nach zwei Chemotherapien und einer Ganzkörperbestrahlung sicherlich höher als zuvor. Auch besteht immer die Gefahr eines Leukämierückfalls. Dann sind da noch die Abstoßungsreaktionen. Ich meine nicht die akuten, nein, ich denke an die chronischen. Die Malerin etwa, deren Bilder im Gang vor Professor Halleks Büro hängen, bekam nach ihrer Transplantation eine chronische Abstoßungsreaktion, infolge derer sie erst Jahre später erblindete. Es fällt mir schwer, Gedanken wie diese zu ignorieren. Selbstverständlich habe ich davor Angst.

Gleichzeitig gehen mir auch die Worte von Michael Hallek nicht aus dem Kopf. Man dürfe nicht zum Sklaven seiner Krankheit werden. »Stellen Sie sich vor: Sie warten ab jetzt für den Rest des Lebens jeden Tag auf eine Krise. Und am Ende des Lebens, nach vielen Jahren, stellen Sie fest: Es kam keine. Das wäre doch schade, also versuchen Sie besser, mit Zuversicht zu leben.«

Oder das Nietzsche-Zitat: Man müsse die Phantasie des Kranken beruhigen, damit er weniger an den Gedanken über die Krankheit zu leiden habe als an der Krankheit selbst.

Gilt das nicht auch für die Zeit nach der Heilung? Der Krebs, das ist sicherlich richtig, gehört künftig zu meinem Leben dazu. Richtig ist aber auch: Der Krebs bestimmt nicht mein Leben.

So wie es mir in den Tagen nach meiner Diagnose vom 17. Juni 2014 nicht leichtfiel zu akzeptieren, auf einmal sterbenskrank zu sein, so schwer fiel es mir nach dem Ende der Aplasie zu glauben, jemals wieder wirklich gesund zu werden. Ich versuchte, mich an die Euphorie und Leichtigkeit zu erinnern, die ich auf Sylt verspürte, als es nach der ersten Chemotherapie plötzlich wieder aufwärtsging. Aber dieses Mal war alles anders. Ich ahnte, dass ich mich erneut würde verwandeln müssen. Und ich wusste, dass mir dies nur mühevoll gelingen würde.

Mit aller Kraft, die mir noch geblieben war, rollte ich mich aus dem Bett, zog einen Jogginganzug an und bat eine Schwester, mich von dem Venenkatheter zu trennen. Ich steckte mir die Kopfhörer meines iPads in die Ohren und suchte nach Adeles *Rolling in the Deep*. Dann trat ich aus dem Zimmer und ging im Takt des Liedes auf den Gängen der KMT-Station auf und ab.

Auf und ab.

Ich schaffte es fast bis zum Arztzimmer am Ende der Station, schlich wieder zurück zu meinem Zimmer und versuchte es aufs Neue. An der Wand sah ich Luftaufnahmen von den schönsten Flecken unserer Erde. Fotos, die Gemälden glichen. So schön, so unwirklich schön. Ein Baum auf der roten Erde des Tsavo-Nationalparks in Kenia. Die feinen Verästelungen eines Korallenriffs vor der australischen Ostküste. Auf dem Wüstenboden ausgelegte Teppiche nahe der Stadt Marrakesch. Eine Karawane von Dromedaren inmitten der Wüste Mauretaniens. Die Silhouetten roter Vögel über dem Amacuro-Delta in Venezuela. Ein herzförmig gewachsenes Stück Wald in Neukaledonien.

Auf und ab.

Ich sehnte mich nach draußen. Ich sehnte mich nach der Schönheit der Welt. Ich sehnte mich nach Nähe. Nach Wärme. Nach Vertrautheit. Ich sehnte mich danach, von Michael wieder in den Arm genommen werden zu dürfen. Ich sehnte mich nach der Gewissheit, wieder genesen zu sein.

Auf und ab.

Als ich wieder zurück in meinem Zimmer war, blickte ich in den Spiegel. Ich sah einen alten, faltig gewordenen Mann ohne Haare. Ich erkannte mich in diesem Moment kaum selbst. Wer ist das, der mich da ansieht aus müden Augen? Wie alt ist er?

Bist du das, Guido? Sind das deine Augen? Sehe ich in ihnen Entschlossenheit und Lebenswillen? Oder sehe ich in die Augen eines Resignierten? Ist das jemand, der sich fürchtet? Oder Mut hat? Oder beides?

Ich fühlte mich wie ein Zombie. Oder zumindest so, wie ich glaubte, dass sich ein Zombie fühlt. Zur Erschöpfung am Tag danach kam oft auch die Enttäuschung über den Tag davor: Dass ich mich gestern eingelassen hatte auf den Funken Hoffnung, es könnte jetzt schnell wieder aufwärtsgehen. Dass ich Idiot mit meiner Sehnsucht nach Normalität geglaubt hatte, sie sei schon zum Greifen nah.

So vergingen die Tage.

Auf und ab.

Bald jedoch ging es tatsächlich öfter aufwärts als abwärts. Der Hunger kam zurück. Ich verschlang eine Portion Spaghetti Bolognese und wusste mit jeder Gabel, dass ich den Eifer und die Eile, mit der ich die Nudeln in mich stopfte, spätestens dann bereuen würde, wenn mein Magen vor Überforderung kapitulieren würde. Und so war es dann auch. Aber egal. Ich griff nach jedem Halm, der sich mir bot, um mich daran zurück ins Leben zu ziehen.

Am Tag plus fünfzehn saßen Michael und ich in meinem Zimmer. Es war der 17. September. Für uns beide ein wichtiger Tag. Die Tür öffnete sich, und Professor Hallek trat herein.

»Wenn Sie wollen, dürfen Sie heute das erste Mal raus.«

»Wie bitte?« Ich traute meinen Ohren nicht. Raus ins Freie? Raus aus der Isolation? Raus aus der KMT-Station?

»Ja, raus. Versuchen Sie das doch mal.«

Michael drehte sich zu Professor Hallek.

»Das ist das schönste Geschenk, das ich mir nur vorstellen kann. Heute ist unser Hochzeitstag.«

An einem 17. September heirateten wir. An einem 17. Dezember übergab ich das Ministeramt an meinen Nachfolger Frank-Walter Steinmeier. An einem 17. Juni erfuhr ich, dass ich krank bin. An einem 17. September verließ ich das erste Mal die KMT-Station. Siebzehn. Eine Zahl, die ich mir aus vielen Gründen künftig merken werde.

Eine Stunde später befanden wir uns in der Schleuse. Ich saß in einem Rollstuhl, hatte blaue Plastikhandschuhe an, trug die weiße Kappe des CHIO auf meiner Glatze und einen Mundschutz im Gesicht. Und als mich Michael an den Blumentöpfen in der Eingangshalle vorbei aus der Klinik nach draußen schob, da stiegen mir vor lauter Freude die Tränen in die Augen.

Wir hielten uns links, vorbei an einem Taxistand, nach etwa hundert Metern erreichten wir das Herzzentrum. Davor eine Bronze-Plastik, ein riesiges Herz. Auf einer Tafel darunter las ich den Satz: *Ein Herz hat nur, wer es für andere hat.*

Dann rechts an einer Ampel in die Joseph-Stelzmann-Straße hinein. Wir erreichten eine kleine Sackgasse. Ich blickte zu Boden. Kleine Grashalme sprießten aus den Fugen zwischen den Pflastersteinen. Michael schob mich weiter zu einem Rondell, in dessen Mitte vier Kastanien stehen. Und da verharrten wir, beobachteten die Menschen auf den Gehwegen und in den Gärten, sahen ihr Kommen und Gehen – und waren einfach nur froh, im Hier und Jetzt zu sein.

Eine Stunde später war ich wieder in der Schleuse. Ich roch die Desinfektionsmittel, ich hörte das Rauschen der Klimaanlage, ich sah die dunklen Geister, die man nicht sieht.

»Sag bloß, du warst draußen«, fragte mich Claudia. Und auch Christian kam dazu, dem es inzwischen wieder etwas besser ging, obwohl seit der Zeit im Koma seine Nieren noch nicht wieder richtig arbeiteten.

»Wie war es?«

»Was hast du gemacht?«

»Erzähl!«

Ich berichtete von meinem Ausflug in die Seitenstraßen abseits des Klinikgeländes wie von einer Expedition zu all jenen fernen Orten, deren Fotos an den Wänden der Station hingen. Und ich erzählte diese Geschichte so, dass sie auch den anderen Patienten Mut machte und Kraft gab, es mir bald gleichzutun. Denn das war das ungeschriebene Gesetz auf der KMT-Station: sich niemals gegenseitig runterziehen, sondern den anderen immer und jederzeit motivieren. Alle Schiffe unserer Flotte sollten doch ihr Ziel erreichen.

Deshalb auch verabschiedete ich mich einige Tage später nicht groß, als ich die KMT-Station nach einem Monat und 14 Kilo leichter endgültig verlassen durfte. Es wäre für alle zu belastend gewesen. Stattdessen nutzte ich die Gelegenheit und bat meine Mitpatienten, mir bald zu folgen. Claudia, Christian, Victoria, ihr schafft das! Wir alle schaffen das!

Ich packte meine Bücher, das iPad, die Schlaf- und Jogginganzüge, das Bild von Michael und mir, die Plastikschuhe, mein Waschzeug und die beiden Mutperlen in die Sporttasche. Dazu eine weitere Tasche mit all den Medikamenten, die ich nach einem genauen Plan einnehmen musste. Allein die Erklärungen, wann ich künftig was zu nehmen habe, beanspruchten fast einen halben Tag und meine volle Konzentration.

Ich stand meinen Ärzten gegenüber, Professor Hallek, Doktor Shimabukuro und all den anderen. Den Schwestern und Pflegern. Den beiden Putzfrauen aus Togo, deren Lächeln unter dem Mundschutz ich immer so sehr mochte. Was sagt man in so einer Situation?

»Danke. Für alles.«

Ich möchte das, was mir widerfahren ist, verstehen. Zugleich will ich die Erlebnisse auch nicht zu nah an mich heranlassen. Ich möchte Zerbrechlichkeit akzeptieren und Trauer zulassen. Aber ich will nicht in Selbstmitleid verfallen. Ich möchte meinen Humor wiederfinden und unbefangen lachen. Denn die Fähigkeit zum Lachen ist mir auf meinem langen Weg durch tiefe Täler irgendwann abhandengekommen, ohne dass ich es zunächst selbst bemerkt habe. Vor allem aber will ich der Versuchung widerstehen, Abgebrühtheit vorzutäuschen. Sarkasmus und Zynismus, sagte meine Großmutter immer, sind keine Zeichen von Geistesstärke, sondern von beginnendem Wahnsinn.

Von Wilhelm von Humboldt stammt der kluge Satz, den mir ein Unbekannter über Facebook zukommen ließ: »Gewiss ist fast noch wichtiger, wie der Mensch das Schicksal nimmt, als wie sein Schicksal ist.« Natürlich kostet es Mühe, die Seele aus dem Griff der Krankheit zu winden. Lebensfreude und Optimismus gibt es nicht auf Bestellung. Aber sehr wohl gibt es ein Rezept gegen Melancholie und Mutlosigkeit. Ich bewege mich viel, und auch wenn ich manchmal wie ein alter Mann durch den Garten schlurfe, genieße ich doch das Gefühl, mich jeden Monat wieder ein Jahr jünger zu fühlen. Ich komme allmählich wieder in Form, fasse Zutrauen in mein neues Immunsystem und freunde mich mit meinem veränderten Ich an. Inzwischen können wir uns schon ganz gut leiden.

Hier auf Mallorca, wo ich vor etwa eineinhalb Jahren die ersten Schritte in mein Leben nach der Politik tat, wo ich lernen wollte, mehr in den Tag hineinzuleben, hier gehe ich nun erneut die ersten Schritte in ein abermals neues Leben. Mein Hang zur Disziplin hilft mir auf diesem Weg. Er zwingt mich morgens aus dem Bett, er nötigt mich, noch eine Liegestütz mehr zu schaffen, er ruft »Stopp!«, wenn ich mir ein zweites

Glas Wein einschenke, er sagt ja, wenn ich mich befrage, ob ich mir zumindest ein erstes Glas gönnen darf.

Wir betraten die Schleuse. Michael hatte noch gestern meine Schuhe fotografiert, die seit meinem Einzug auf die KMT-Station im Schuhschrank der Schleuse auf mich warteten. Das Bild hatte er mir zusammen mit dem aufheiternden Kommentar, dass ich schon morgen in diesen Schuhen die Klinik endgültig verlassen würde, in meinen Kalender gesteckt.

Denkste!

Die Schuhe waren weg. Geklaut. Am letzten Tag nach über vier Wochen Krankenhaus. Wir standen in der Schleuse und lachten. Ich zog meine Plastiksandalen wieder aus der Sporttasche und tat Schritt für Schritt auf dem Weg in Richtung Tiefgarage. Wieder verkniff ich mir den Satz, den ich eigentlich hatte sagen wollen, als wir mit dem Auto die Rampe empor an die Oberfläche fuhren.

Die ersten Wochen zu Hause gestalteten sich dann ganz anders, als ich es aus der Zeit nach der ersten Chemotherapie in Erinnerung behalten hatte. Schwieriger, komplizierter, frustrierender: Unentwegt musste alles gewaschen und desinfiziert werden. Man hatte uns geraten, neue, keimfreie Matratzen anzuschaffen, und auch an normales Essen war nicht zu denken. Ebenso wenig an normalen Schlaf. Eigentlich war nichts, gar nichts normal. Allem haftete noch immer der beißende Geruch des Ausnahmezustands an.

Jede Nacht peinigten mich Albträume, jede Nacht wachte ich nass geschwitzt auf. Tagsüber überfiel mich eine Müdigkeit, wie ich sie noch nicht erlebt hatte.

»Fatigue-Syndrom«, sagte Hallek, als ich ihn darauf ansprach. »Scheuen Sie sich nicht, die Hilfe eines Psychologen in Anspruch zu nehmen.«

Ich scheute mich nicht. Aber ich entschied mich dagegen. Rückblickend betrachtet weiß ich nicht, ob es die richtige Entscheidung war. Und ich will auch nicht ausschließen, mir künftig psychologische Hilfe zu holen, wenn ich sie brauche. Bis jetzt ging es ohne eine solche Unterstützung, was wahrscheinlich auch sehr an dem Netz lag, das Michael, Kai und die vielen Freunde unter mir spannten. Nie fiel ich tiefer als in deren Hände.

Plötzlich aber war kein Land mehr in Sicht. Ich nahm immer mehr ab, wog bald nur noch 67 Kilo. Eine erfahrene Krankenschwester hatte mir all das zwar prophezeit: die Rückschläge, die Zweifel, die Einsamkeit, die lange Zeit, die noch vergehen werde, bis ich vergessen und mir vertrauen kann. Viele Vorhersagen jedoch müssen sich leider erst erfüllen, und man muss sie selbst erleben, um ihnen Glauben zu schenken.

Wieder ging ich um den Weiher im Stadtwald. Wieder vorbei an dem Kiosk, an der Lichtung, an der tief über dem Gehweg hängenden Weide, wo der junge Radfahrer mich im Sommer so freundlich angesprochen hatte. Doch meine Schritte wurden immer schwerer und die Wege immer kürzer.

Der November kam, und kalte, feuchte Luft stand zwischen den dunklen Bäumen. Ich wollte viel, aber ich schaffte noch nicht viel. Es reichte mir nicht mehr, frühmorgens erfolgreich Brötchen beim Bäcker geholt zu haben; mittags erfolgreich Blut in der Ambulanz bei Professor Hallek abgegeben zu haben; nachmittags erfolgreich eine CD gehört zu haben; abends erfolgreich ins Bett gegangen zu sein. Ich wollte mehr vom Leben, als nur nicht mehr bedrohlich krank zu sein.

»Fliegen Sie nach Mallorca«, forderte mich Professor Hallek Anfang Dezember auf. »Sie brauchen dieses Ziel, und die Reise wird Ihnen in jeder Hinsicht guttun.«

Ein paar Tage vor Weihnachten packte ich meinen Koffer voller Medikamente, setzte mir die weiße Kappe auf, spannte den Mundschutz vor mein Gesicht und bestellte für Michael und mich ein Taxi. Und als wir einige Stunden später vor unserem Haus oberhalb von Palma standen, legte ich meinen Kopf in den Rosmarinstrauch rechts neben dem Eingang, atmete seinen Geruch ein und flüsterte beim Ausatmen ganz leise, sodass es nicht einmal Michael hören konnte, jenen Satz, den zu sagen ich immer scheute, weil mich in Wirklichkeit eine abergläubige Angst gepeinigt hatte, mich vielleicht zu früh über mein großes Glück im Unglück zu freuen.

»Dass ich das noch erleben darf!«

Seitdem verbringe ich viel Zeit auf Mallorca. Weil es mir guttut. Ich bin viel im Garten, jäte, pflanze und schneide die Büsche, sodass ich an manchen Abenden meinen Rücken und die Hände spüre.

Oft sitze ich auch auf dem Sofa und erinnere mich an die Weihnachtszeit, als meine Hände vor lauter Nebenwirkungen der Immunsuppressiva so sehr zitterten, dass ich nicht einmal mehr dazu in der Lage war, ein Frühstücksei zu löffeln. Als ich auf einmal so vergesslich wurde, dass Michael Herrn Hallek anrief und fragte, ob so eine Abstoßungsreaktion auch das Gehirn betreffen könne. Als mir Michael vor seiner Abreise nach Deutschland kleine Zettel im ganzen Haus verteilte, auf denen stand: Ist das Licht aus? Brennt der Kamin noch? Ist der Ofen aus?

Nein, der Ofen war nicht aus. Noch lange nicht. Aber auf einmal war nahezu ein Pflegefall aus mir geworden. Zumindest vorübergehend. Ein schwaches, hilfsbedürftiges Häufchen Elend, das sich Vorwürfe machte, seinem Partner viel zu viel zuzumuten.

Ich kämpfte. Trotz aller Rückschläge robbte ich mich Meter um Meter wieder heran an das, was ich Leben nenne. Die Ärzte erlaubten mir, nun ein Medikament nach dem anderen langsam abzusetzen, »auszuschleichen«, wie sie es nennen. Ich begann wieder zu kochen, Freunde besuchten uns, mein Erinnerungsvermögen meldete sich zurück, das Zittern hörte auf, wir lachten wieder, und ich interessierte mich immer mehr für Themen abseits der überwundenen Krankheit. Jeden Tag schaffte ich auf der Uferpromenade von Portixol eine Bank mehr, und auf einmal konnte ich mich auch wieder daran erinnern, ob es der Meniskusriss im linken oder im rechten Knie gewesen war, der mir das Leben rettete.

Es war das rechte Knie.

Zunehmend kümmerte ich mich wieder um die Belange meiner Stiftung, immer häufiger sah ich die Nachrichten und war bestürzt darüber, was mir da aus aller Welt entgegenschwappte: In Libyen versinkt der Staat drei Jahre nach dem Sturz Gaddafis im Chaos. Zwei Regierungen, eine in Tobruk, eine in Tripolis, bekriegen einander, und die ohnehin schon geschundene Bevölkerung leidet von Tag zu Tag mehr. Skrupellose Schlepper schicken Tausende Flüchtlinge in wenig seetauglichen Schiffen auf das offene Meer. Der sogenannte Islamische Staat nutzt das Machtvakuum und breitet sich immer weiter aus.

Die Erfahrung, um ein Haar gestorben zu sein, lässt mich viele Dinge mit anderen Augen betrachten. Glück bedeutet für mich heute, auch Freude an den ganz einfachen Dingen des Lebens zu empfinden: zu schmecken, zu riechen, zu hören, zu fühlen und zu sehen. Es gibt aber auch Dinge, zu denen ich eine noch entschiedenere Meinung als vor meiner Krankheit entwickelt habe, gerade weil ich weiß, was Todesangst bedeutet. Die unerträgliche Leichtfertigkeit, mit der manche über Krieg und Frieden reden und entscheiden wollen, ohne sich dabei die langfristigen Konsequenzen dieser Entscheidung zu vergegenwärtigen, lehne ich stärker ab als je zuvor.

Während meiner Genesung sinnierte ich viel über mich und meine Prägungen, meine Defizite und meine Errungenschaften. Und ich machte mir Gedanken über den Sinn von Politik. Ihre Irrungen und Wirrungen. Vor allem aber über ihre Verantwortung und Verpflichtung den Menschen gegenüber.

Im Mai flog ich nach Berlin und traf Angela Merkel in meinem alten Stammlokal Cassambalis zum Abendessen. Im Gegensatz zu meinem letzten Besuch, bei dem ich dort am Abend der Bundestagswahl die Wahlniederlage der FDP betrauert hatte, stieß ich dieses Mal voller Freude auf mein wiedergewonnenes Leben an. Natürlich redeten wir auch über Politik. Vor allem aber sprachen wir über die Bedeutung von Mitgefühl und Verantwortungsbewusstsein. Ich erzählte Angela Merkel eine Geschichte, die mich bis heute tief bewegt.

Einige Zeit nach Weihnachten, es war noch kalt in Deutschland, reisten Michael und ich spätnachts nach Köln. Auf dem Weg vom Flughafen in die Stadt kribbelte es plötzlich in dem kleinen Finger meiner linken Hand. Dann in allen Fingern. Der gesamte Arm fühlte sich taub an. Das Kribbeln kroch hoch in meinen Kopf.

»Michael, da stimmt was nicht.«

Mein halbes Gesicht war auf einmal gelähmt, ich konnte kaum mehr sprechen. Ein Schlaganfall? Michael schlug vor, sofort in die Klinik zu fahren.

Dort stellte sich zu unserer Erleichterung bald heraus: Es war kein Schlaganfall, sondern eine Reaktion auf ein Medikament, das ich anscheinend nicht vertragen hatte. Bald schon verschwand die Lähmung aus meinem Körper so zügig, wie sie zuvor gekommen war.

Als uns Professor Hallek kurz vor Mitternacht zum Ausgang begleitete, kam uns eine Dame im Rollstuhl entgegen.

»Claudia!«

Sie trug einen Mundschutz, und beinahe hätte ich sie deshalb nicht erkannt. Hallek wandte sich ihr zu und versprach, nicht, wie eigentlich geplant, jetzt nach Hause zu gehen, sondern gleich noch mal zurück zu ihr zu kommen und sich um sie zu kümmern. Weil er um seine Verantwortung gegenüber den Patienten weiß. Weil Empathie für ihn kein Fremdwort ist. Weil er trotz unzähliger Verpflichtungen, Vorträgen und Forschungsvorhaben immer das geblieben ist, was er einst als junger Medizinstudent einmal werden wollte: ein Arzt. Ein Mensch, der anderen Menschen hilft, wenn es ihnen schlecht geht.

Einige Wochen später erreichte mich die Nachricht, dass Claudia den Kampf gegen die Krankheit verloren hatte. Sie starb kurze Zeit nach unserer letzten Begegnung an einer Infektion. Ich dachte an den Augenblick auf der KMT-Station, wie sie mir auf meinem Weg in den Strahlenbunker den Daumen entgegenstreckte, um mir Mut zu machen. Ich vergrub mein Gesicht in den Händen und weinte. Alle Schiffe unserer Flotte sollten doch ihr Ziel erreichen.

In einem windgeschützten Eck unserer Terrasse wächst in einem großen Topf aus Ton ein kleiner Apfelsinenbaum. Michael hatte ihn mir anlässlich meines fünfzigsten Geburtstags geschenkt. Der Gärtner schaufelte ein Loch am Rande des Gartens und pflanzte ihn dort in den Boden. Doch der Baum verkümmerte. Vielleicht lag es daran, dass die anderen Bäume zu lange Schatten warfen und er deshalb kein Licht mehr abbekam. Vielleicht auch daran, dass der Grund leicht bergab fällt und das ohnehin wenige Wasser hier kaum Halt findet.

Wer weiß das schon.

Vor einigen Monaten schlug der Gärtner jedenfalls vor, das kahle Bäumchen zu verpflanzen. Seine Äste wirkten matt und ausgetrocknet. Der Gärtner schnitt den Baum so sehr zurecht, dass wenig von ihm übrig blieb.

»Sind Sie sich sicher?«, fragte ich den Gärtner.

»Todo estará bien«, antwortete er ohne eine Spur des Zweifels in seinem Gesichtsausdruck. Alles wird gut.

Ich stehe vor dem Baum und lausche dem leisen Flüstern seiner vielen neuen Blätter. Bald geht die Sonne unter.

Und morgen beginnt ein neuer Tag.

Dank

Es fällt mir schwer, mich zu bedanken. Nicht etwa, weil ich mich nicht bedanken möchte. Im Gegenteil: Ich bin so vielen Menschen begegnet, denen ich dankbar bin. So vielen, die mir Mut machten, die mich trösteten oder einfach nur ein Lächeln schenkten. Noch nie in meinem Leben habe ich so viel Zuspruch und Zuneigung erfahren dürfen wie in den schwarzen Stunden. Gesten von Menschen, die mir noch nie zuvor begegnet sind und wahrscheinlich auch nie wiederbegegnen werden.

Der junge Mann an dem Weiher im Kölner Stadtwald zum Beispiel, der auf seinem Fahrrad sitzend an mir vorüberfuhr, mich erkannte, stoppte, umdrehte, sich vor mich stellte und mir Kraft wünschte, »ganz viel Kraft«. Oder jene ältere Dame, die mir neulich auf einer Berliner Straßenkreuzung zurief: »Gute Besserung, Sie schaffen das!« Ich schaute sie fragend an, worauf sie zu mir kam und von ihrer eigenen Leukämie-Erkrankung zu erzählen begann. Sie habe zwei Transplantationen hinter sich, erzählte sie mir. »Und es geht mir prächtig!« Wir lächelten uns an, gaben uns nicht die Hand und verabschiedeten uns mit einem wissenden Nicken. Diese Dame, die mir da an einem Frühlingsabend in Berlin begegnet ist, weiß gar nicht, wie viel Zuversicht mir der kurze Dialog mit ihr bis heute gibt. Ich danke Ihnen!

Ohne meinen Ehemann Michael Mronz hätte ich den Kampf gegen den Krebs so nicht führen können, wie ich ihn geführt habe. Ohne meinen Bruder Kai, ohne meine vielen Freunde und ohne die unzähligen guten Wünsche aus der ganzen Welt hätte ich es sicher nicht geschafft, meine Ängste zu überwinden und neuen Mut zu fassen. Ohne Professor Michael Hallek, seinen Kollegen Dr. Alexander Shimabukuro-Vornhagen sowie das Ärzteteam am Universitätsklinikum Köln wäre ich wahrscheinlich verloren gewesen. Ich danke ihnen, und ich danke dem Pflegepersonal, das sich so aufopfernd um die Patienten der Onkologie im 16. Stock sowie der KMT-Station sorgt und kümmert.

Ein Patient, zumal ein solcher, der eine schwere Erkrankung überlebt hat, ist seinen Ärzten gegenüber naturgemäß befangen. Das gilt selbstverständlich auch für mich und mein Verhältnis zu Professor Michael Hallek. Aus wahrscheinlich sehr naheliegenden Gründen weiß ich über ihn und sein Team nur Gutes zu berichten, denn er und seine Kollegen haben mir das Leben gerettet. Diese Dankbarkeit wird auch dann Bestand haben, wenn – was ich nicht hoffe – die Krankheit mich wider Erwarten erneut heimsuchen sollte. Diese Gefahr ist inzwischen zwar gering und wird mit jedem Tag kleiner, ist aber nie auszuschließen.

Der Zufall führte mich in die ärztliche Obhut von Michael Hallek. Deshalb nimmt er in diesem Buch auch eine so wichtige Rolle ein. Und nicht etwa, weil er sich in diese Rolle gedrängt hat. Michael Hallek gehört vielmehr zu den bescheidenen Vertretern seiner Zunft, und nichts läge ihm ferner als die Suche nach dem Rampenlicht. Hätte mich die Diagnose andernorts ereilt, würde ich an dieser Stelle womöglich einem dortigen Arzt und seinen Kollegen danken dürfen. Was ich damit zum Ausdruck bringen möchte: dass Michael Hallek exemplarisch für so viele engagierte und hochprofessionell arbeitende Ärzte in Deutschland steht. Ärzte, die mir nie begegneten, jedoch jederzeit hätten begegnen können. Ärzte, von denen ich weiß, wie sehr sie sich für ihre Patienten einsetzen. Trotz allem Lamento über das deutsche Gesundheitswesen können wir uns glücklich schätzen, in diesem Land zu leben. Was in Deutschlands Kliniken von Ärzten, Schwestern und Pflegern Tag und Nacht geleistet wird, ist beeindruckend.

Ich danke meinem Verleger Daniel Kampa und seinen Kollegen Julia Strack und Philipp Werner. Ich danke Katharina Jakob für ihre Hilfe bei der medizinischen Recherche, Rüdiger Barth und Rainer Erlinger für ihre Hinweise und Malte Herwig für das Zitat von Max Frisch. Für seine frühzeitige Lektüre danke ich Fritz Pleitgen, Präsident der Deutschen Krebshilfe. Besonders bedanken möchte ich mich bei Dominik Wichmann, der mir für dieses Buch seine erzählerischen Fähigkeiten zur Verfügung stellte und mir während unserer vielen Gespräche ein kluges und angenehmes Gegenüber war.

Wer erfährt, dass er Krebs hat, der steht zunächst vor existenziellen Fragen: Werde ich die Krankheit überleben? Oder werde ich an dieser Krankheit sterben? Ich weiß von mir selbst und auch von vielen anderen Patienten, dass es zunächst sehr schwierig ist, auf die vielen Fragen, die sich plötzlich stellen, die richtigen Antworten zu bekommen. Das Internet ist zwar voll von Informationen – aber für einen medizinischen Laien ist es fast unmöglich, in diesem Gestrüpp aus Ratschlägen, Hokuspokus, Halbwissen und echtem Wissen die Orientierung zu behalten.

Vertrauen Sie deshalb auf den Rat Ihrer Ärzte und nicht auf oftmals verantwortungslose Tipps im Internet. Und vertrauen

Sie auf Informationen, die aufklären, statt zu verwirren: Das Buch *Der König aller Krankheiten* von Siddhartha Mukherjee zum Beispiel – eine faszinierende Biographie dieser Krankheit und ihrer so schwierigen Bekämpfung – hat mir sehr geholfen, die Dimension des Krebs zu erfassen. Berührt hat mich der Blog der ehemaligen AML-Patientin Maike Baltner. Viel lehrte mich auch die Lektüre von Bronnie Ware *(5 Dinge, die Sterbende am meisten bereuen)*. Nicht etwa, weil es in dem Buch um den bevorstehenden Tod geht. Sondern vielmehr deshalb, weil sich die Autorin mit der Frage auseinandersetzt: Was macht unser Leben eigentlich lebenswert? Ich wünschte, ich hätte Bücher wie dieses früher gelesen und nicht erst, als ich sterbenskrank war.

Viele Hinweise und Erkenntnisse, von denen ich profitiert habe, stammen aus dem Deutschen Ärzteblatt, einer Ausgabe des Magazins *Spiegel Wissen* (3/2014), den Informationsschreiben des Universitätsklinikums Köln, den Webseiten der DKMS, der Stefan-Morsch-Stiftung, der Deutschen Krebsgesellschaft sowie des Kompetenznetzes Leukämie, der Berliner Charité und anderen öffentlichen Institutionen. Christoph Schlingensiefs Tagebuch seiner Krebserkrankung *(So schön wie hier kanns im Himmel gar nicht sein!)* verdanke ich ebenso viele Einsichten wie dem *Buch gegen den Tod* von Elias Canetti, der Biographie von José Carreras, Susan Sontags *Krankheit als Metapher*, *Der Tod meiner Mutter* von Georg Diez sowie den Schilderungen von Dieter Wellershoff in dessen Buch *Blick auf einen fernen Berg*.

Ich habe überlebt, weil es irgendwo in Deutschland einen Menschen gibt, der mir von seinem Blut abgegeben und mir damit ein neues Leben geschenkt hat. Mein Dank dafür ist nicht in Worte zu fassen.

Bildnachweis

ddp images *S. 4 unten, S. 6 unten*
Gene Glover *S. 16*
picture alliance/dpa *S. 1 unten, S. 2, 6 oben, S. 7, 8, 9, 10 oben, S. 15*
Privat *S. 1 oben, S. 11, 12, 13*
André Rival *S. 3, 5*
Dominik Sommerfeld *S. 14*
Westerwelle Foundation *S. 10 unten*
Frank Zauritz *S. 4 oben*

Die Seitenzahlen beziehen sich auf den Bildtafelteil.

Inhalt